平山許江　ほんとうの知的教育②

幼児の「かず」の力を育てる

平山許江 著

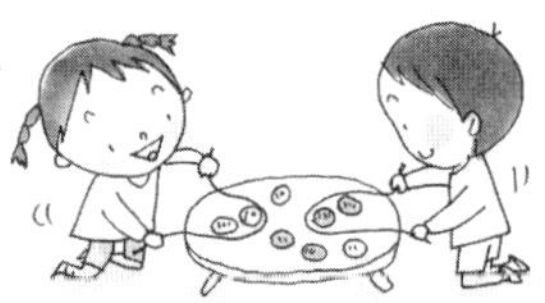

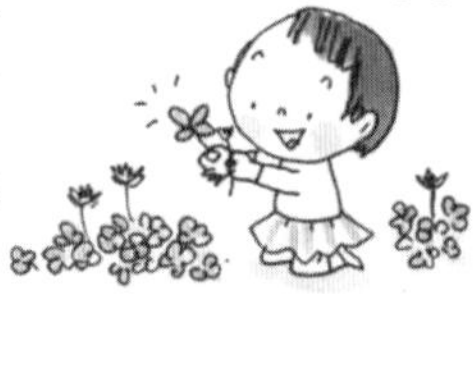

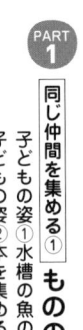

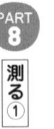

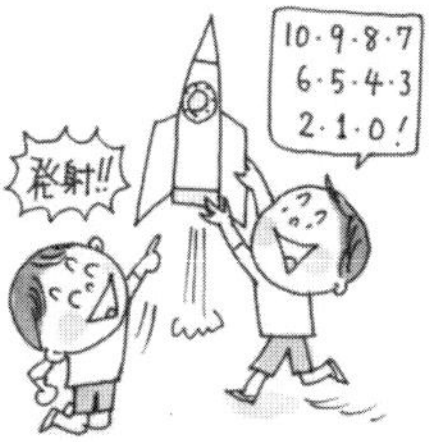
10・9・8・7
6・5・4・3
2・1・0！
発射!!

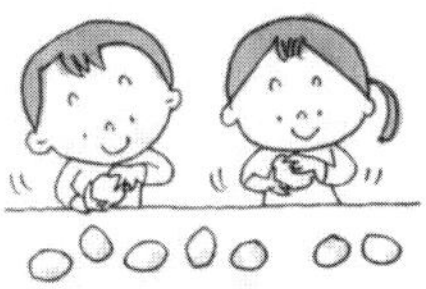

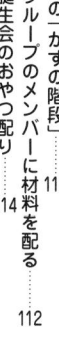

はじめに

今、保育現場は難しい課題を突きつけられています。例えば「幼保連携型認定こども園教育・保育要領」には、こんな文言があります。「全ての子どもに質の高い幼児期の学校教育及び保育の総合的な提供を行う」。

質は低いより高いほうがいいに決まっています。でも高い低いは基準がないと測れませんし、人によって感じ方が違いますから、〝なんでもあり〟に陥る危険性があります。

また、小学校以降の教育を規定する「学習指導要領」では、生きる力を育むために「確かな学力」を身につけさせることが求められています。したがって、就学前には「確かな学力」の「基礎」を保育に組み込まなくてはいけないでしょう。

「質」も「学力」も「基礎」もよく聞くことばですが、どういう保育を指してそういうのかとなると、〝確か〟ではありません。そのことが最も顕著に問題となっているのが「知的教育」の分野だと思います。今日の知的教育は、二極化しています。

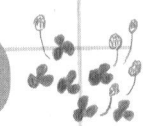

一つは、量の獲得にしか目がいかない古い保育が横行していることです。「早期教育」と呼ばれる方法です。二つ目は、まったく知的教育には無頓着な保育です。子どもは気ままに遊ばせておくのがよいとばかりに教えるべき知性を教えず、この時期を無駄に送らせてしまう考え方です。

私は、どちらも間違っていると考えています。

「なぜ勉強するの？」と問われると、私は「自分が知らない世界が先にあることが分かるようになるから」だと答えます。知識とは不思議なもので、知識が増えるとそれに比して知らないことが増えるのです。子どもたちが知識を得て、自分で新しい世界の扉を開け、その世界を満喫する一方で、さらにその奥に未知の世界が広がっていることを知り新たな知的好奇心をいだくことが重要です。

子どもは今を生きています。子どもの毎日は未知と未熟なものに満ちています。しかし幸いに、子どもは新しい知識を得ることが好きです。適切な環境の中では、自分から率先して考えたり、試したり、教えを乞います。子どもには、こうした確かな学力の基礎が備わっているのです

つまり、子どもに求められる知的教育は、子どもが本来もっている知りたい・やりたいという本性をじょうずに引き出すように周りの環境を整え、刺激を与えることです。保育者は、子どもの将来を見据えて、質の高い保育を提供する責務を負っています。子どもの本質と子どもの未来

を見定めたほんものの知的教育をしようではありませんか。そのための応援として本シリーズをお届けします。

【かず】

保育では、知的教育、とりわけ「かず」の指導といったことは前面に出てきません。その背景には、幼児期には数学的な思考や論理的思考は無理と考えられていた古い発達論が、今でも残っているからだと思われます。当時の実験のように、飲めないジュースや他人が持っているおはじきでは「どちらが多いか」と聞かれても、考える意欲や必要がないでしょうから当然よい結果は得られません。

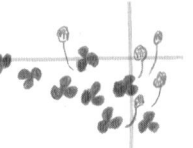

幼児は抽象的に考えることは不得手ですが、生活に密着した課題では、論理的思考は十分できます。例えば、同じことをしたのに自分だけしかられるのは不公平だとか、紙やおはじきを均等に分けることができなくても、おやつの分配なら可能といった姿です。子どもは数学的な思考ができないわけではありません。大人にそう見えないか、見ようとしないだけです。

今日の知見では、思考と感情は連動していることが明らかにされています。その子どもが置かれている状況や日常生活に密着した内容や、仲良しの友だちとのかかわりの中でこそ学びの充実が図れるという考え方です。子どもの毎日の暮らしには、分類したり、比較したり、かずを数えたり、測ったりする数学的な体験が豊富にあり、子どもはたくさんの学習をしています。

本書は、そうした子どもが日常の保育の中で見せる数学的概念や数学的理解力を拾い出して、さらに発達させるための具体的な方法を紹介しました。子どもには数学的思考は無理だとか必要はないと、かたくなに考えている人や、自分は数学が苦手だから保育では取り上げたくないと考えている保育者に是非読んでもらいたいのです。そして、保育の質を上げてほしいと願い本書を著しました。

そのためのヒントを盛り込みました。

第1は、幼児が遊んでいるとき、どのような数学的なものの考え方をしているのか見つけ出す視点です。テストや分析的な調査ではなく、日常の保育の中で、子どもの実態を行動や言葉やあそびの様子から把握します。あるいは保育実践を数学的なものの考え方から評価します。

クラスの中には数学的体験の乏しい子や理解の差が著しい子がいるでしょう。そうした子どもには個別の援助が必要です。具体的なかかわり方を示しましたから、その子どものペースで発達がうながされるように経験を保障してください。

第2は、子どもの実態に応じてどのような援助をすれば、数学的なものの考え方を育むことができるか、有効なあそびや環境の構成の方法を紹介してあります。

だからといって、小学校の算数の授業のように「今日は５までのかずを勉強します」というように直接これを取り上げて指導するような形はとっていません。子どもが楽しく遊ぶ中から自然な形で数学的体験を積んで、数量への感覚が養われるようにします。

第３は、算数ぎらいや数学は不得手という保育者にも分かってもらえるように工夫してあります。保育では、主に人間関係や情緒に関する教育が重視されていますから、「かず」や数学的思考という分野に縁のない保育者にも分かってもらうよう配慮しました。例えば分類とはいわずに「仲間分け」といい替えるなどです。用語を解説したり、豊富なイラストで説明してありますので、是非明日の保育実践に生かしてください。

第1章 あそびの中の数学的体験

かずは抽象的な概念なので、「3」や「5」などの意味が分かるまでには、いろいろな体験をしておく必要があります。

例えば「3」という概念を考えてみましょう。「3」を見ることはできません。3は人間が考え出した記号であり、それを約束として、「さん」と呼ぶにすぎません。しかし私たちは「3台の車」「3匹のいぬ」「3個のおにぎり」を見ることはできます。やがて、車といぬとおにぎりは別々なものだけれど、それぞれの集まりがどれも「3」であることが分かるようになります。

抽象的な「かず」は分かるまでに時間がかかります。自分の身体を通して感じたり、真剣に考えたり、保育者からヒントをもらったりして、「かず」を理解する基礎を十分蓄える必要があります。ここではかずの基礎となる数学的体験を、あそびの中にどのように取り入れていくかを紹介します。

同じ仲間を集める①
ものの集まり

かずの理解の基礎は、いろいろなものの中から同じ仲間を選び出して「集合」をつくることの理解です。「集合」の気づきを遊びや生活から育てていきましょう。

子どもの姿 ❶

水槽の魚の仲間集め

A児とB児が水槽のラベルを見ながら話しています。

「フ・ナ。黒いのがフナだ」「ドジョウは、動かないなあ」。

A児が「金魚は2匹いるね」というと、「え、3匹だよ」とB児。A児は水槽を回りながら「1、2、あっ、ほんとだ、こっちにもいる。3だ」と金魚を指差しながら数えます。

Point

水槽の中には、フナやドジョウも入っていますが、その中から「金魚」だけを選び出すと、仲間のかずの「3」が分かります。かずを理解するうえで最も大事なことは、同じ仲間の集まり【集合】を理解することです。

ひよこが3匹
クレヨンが3本
おなじ『3』です
これはわかるけど
ひよことクレヨンが同じ!?

等質(仲間)の基準はいろいろ
りんご
いちご
ポスト
みかん
たべもの
赤いもの

●水や藻は数えられない

金魚やドジョウは個体が1つずつ独立していて、はっきり区別がつきます。こうした【分離量】に対して、水や藻はどこを区切りとしたらよいか分かりません。水は【連続量】なので、その量はバケツ1杯とか小さじ1杯としか言えません。子どもが最初にかずを意識するのは、分離量からです。

●集合とは「等質のものの集まり」

子どもには等質であることを「仲間」といい替えます。しかし、子どもの「仲間」のとらえ方は様々です。「同じ働きをするもの」のように、ものの本質に近い基準で考える場合、「形や色が同じ」といったように、一部の共通性に注目する場合、「わたしの好きなもの」といったように、他の人にはわけが分からない場合など、いろいろなケースがあります。

●「かずが分かる」とは?

私たちはものを数えて「3」とか「4」とか言いますが、それ自体は抽象的な概念で「これが3です」と見せることはできません。けれども子どもでも「金魚が3匹いる」「砂場で子どもが4人遊んでいる」というように、かずが分かります。子どもが見ているものは金魚や人ですが、その集まりを見ると、かずが分かるのです。

しかし「かずが分かる」ことは「かずを数える」ことと同じではありません。かずは、ものの大きさを表す「量」を理解させることなので、その量のもとになる集合を理解することが先です。かずを教えることは「数えさせる」ことだと間違えないでください。

最も大事なことは同じ仲間で集める
『集合』を理解することです

子どもの姿 2

本を集める

片づけになると、K児はかごを持って「本屋さんです。本はありませんか」と、あちこちを回って本を集めていきます。誰かが本箱に片づけるのを見つけると、「本屋はぼくがやってるのに」と怒り、その本をわざわざ取り出してかごに入れ直します。周囲を見回して「もう、ないな」と確認すると1冊ずつ本箱にしまいます。

Point

花摘みやどんぐり拾いは、子どもが夢中になる楽しいあそびです。それと同じように、子どもにとっては片づけも「同じ仲間集め」のあそびで、喜んでやります。「集合」については、子どもに分かりやすく「仲間」と表現します。

●片づけは宝物探し

大勢の子どもがいっぱい遊んだあとは、様々なものが散らばるので、楽しく片づけるには工夫が必要です。「Aちゃんはシャベルを見つけてきて」「Bちゃんはバケツを集めて」といったように、具体的な対象物を決めて「同じもの探し」をします。

子どもは「もうないかな」とあたりを見回し、「こんなに集まった」と自慢して見せに来るでしょう。子どもにとって片づけは仕事ではなく宝探しと同じ楽しいあそびです。

●子どもの気づいた「同じ」を尊重しよう

ものにはいろいろな特徴があります。例えばバケツは「バケツという名前」であったり、「砂場の道具」であったりします。あるいは、「銀色」で「カネ（金属）」でできていて、「たたくとガンガンという音がする」特徴をもっています。つまり「同じ仲間」は、「同じ名前」であったり、「同じ色」であったり、「同じ音がする」場合もあります。

子どもが気づいた「おんなじ」は大人の視点とは異なっているかもしれません。保育者は「何を集めたのかな?」と、子どもの集めたものをのぞいて「共通項」を見つけ出します。それを子どもと一緒に調べて、「同じ仲間だね」と確認します。

あそび

遊び方

体を動かして楽しもう！ 紅白玉集め

紅白玉（鈴割りなどに使うもの）を床にばらまき、縄跳び用の縄で同じ色の玉を囲んで、自分のほうに引き寄せるあそびです。二人から大勢まで、いろいろな遊び方ができます。

1. 二人で遊ぶとき

紅白の玉はそれぞれ５個以内にします。テーブルの上に玉を散らします。二人は紅白を決め、テーブルの両サイドに分かれて立ち、縄で自分の色の玉を囲み、「よういドン」で縄を引きます。自分の色の玉を、全部床に落とせるでしょうか？　テーブルに残ってしまったら……、残念！

2. 大勢で遊ぶとき

紅白２チームに分かれます。地面に玉を落とす内側の円と、人が立つ外側の円を描きます。人は線より中には入れません。線の外から自分と同じ色の玉に縄をかけ、縄の中に入った玉だけを外に出し、さらに自分の立つ位置まで引っ張ってきて、１つのカゴの中に集めます。全部の玉を引き出したら終了です。

留意点

1. 全身を使って遊ぶほうが楽しい

スペースが狭い場合は、紅白玉ではなくブロックやおはじきを使います。縄もリボンやタコ糸に代えます。遊び方は変わらず、ねらいも「同じ仲間を集める」ですが、楽しさは減ります。子どものあそびの楽しさは、エネルギー消費量に比例します。紅白玉よりも大きくて重いものであれば、なお楽しいでしょう。

2. 初めはまったく同じものを分ける

仲間集めでいちばんやさしいのは、まったく同じものを集めることです。紅白玉やおはじきやブロックなど、同じものが多数あるもので遊びます。3 分類、4 分類もできますが急ぐ必要はありません。慣れてきたら、ダンプカーやミキサー車、ひかり号ややまびこ号などのおもちゃを＜ミニカーの仲間＞と＜電車の仲間＞に分けます。

PART 1-2

同じ仲間を集める②
集まりの名前

決められた条件のものを選び出すには、その条件の意味が分かると同時に、条件に照らし合わせて違いを見つける力も必要です。条件によって仲間が変わるので、ていねいに考えさせましょう。

子どもの姿①

共通する要素を見つけて、仲間とする

水槽を囲んだ子どもがヒメダカを見て「赤くないから違うよ」「金魚より細すぎだもの」「小さいし」と指摘して、「だから、これは金魚じゃないよ」と判断します。

「金魚はしっぽがひらひらしてる」「太っていて、後ろのほうだけちょっと細い」、そして「これと、これと、これだけが金魚」と金魚を指差します。

Point

子どもは「金魚とは○○である」という定義を明らかにしています。色や尾ひれの形や大きさなど、金魚の特徴をとらえ、共通する「仲間」だけを選び出して「金魚」と呼んでいます。かずを理解する基礎は、ものの特徴をとらえて、それが共通しているものを仲間＝集合と分かることです。

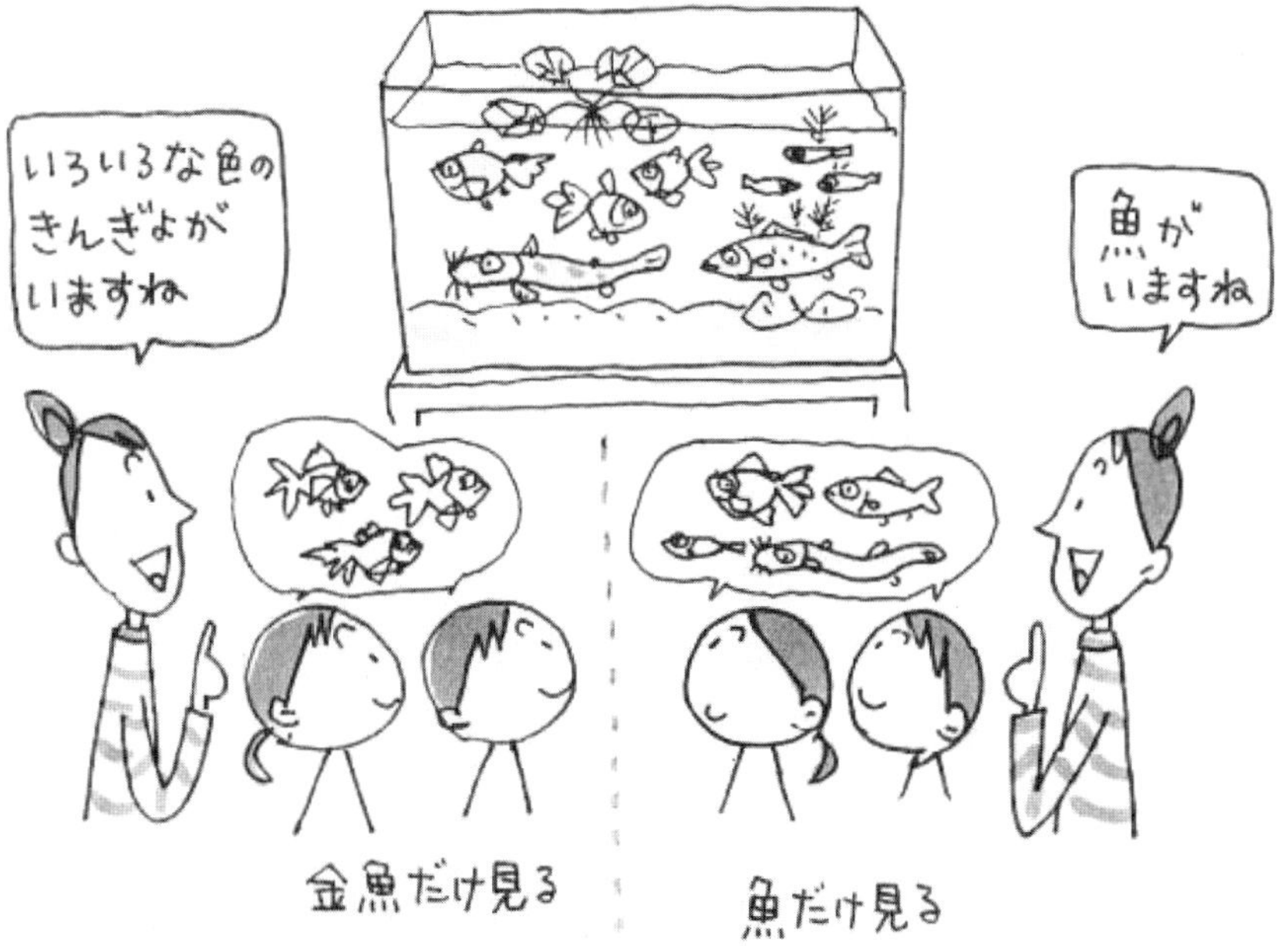

●集合のメンバーは等質である

水槽の中には、金魚の他にドジョウやフナなどもいますが、それらはまったく眼中にありません。「仲間集め」をするときは、これがとても大切です。ドジョウならドジョウ、フナならフナだけを選び出さなくてはなりません。「仲間」は等質、つまり同じ名前に分類されなくては、仲間の一員にはなれないのです。

●仲間集めの考え方は、1つではない

水槽の中には魚以外のものも入っています。水、石、藻、浄水器などです。そこで次のように表現することができます。

水槽の集合＝｛水、石、藻、浄水器、魚｝
魚の集合＝｛金魚、ドジョウ、フナ、ヒメダカ｝
金魚の集合＝｛金魚A、金魚B、金魚C｝

●集合をイメージしながら話を聞く

保育者が水槽の話をするときは、水槽全体をイメージしないと話が分かりません。そして保育者が「水槽の中には魚がいますね」と話を進めると、聞いている子どもは水槽の中の石や藻は忘れて魚の集合だけをイメージします。さらに話が金魚になったら、今度はイメージを金魚に絞り込んでいきます。話を聞くときにも、集合概念は必要なのです。

子どもの姿 2
ものの本質的な特徴をとらえる

「りんごとみかんは、くだものだから同じだね」と教えても、L児は「りんごとみかんは違うよ」と言い張ります。そして、違いを聞くと、「りんごは赤いけど、みかんは黄色い」とか、「りんごは棒があるけど、みかんは酸っぱい」と変な答えをします。

Point

集合は、中身が等質のもの、同じ種類のものの集まりです。子どもがりんごとみかんに、共通の要素よりも違いを感じている状態では、「くだもの」というような上位の集合概念はまだ難しくて理解できないでしょう。

●集まりの名称「○○もの」

くだもの・のりもの・食べもの・着るもの・いきもの・書くもの、こうした「○○もの」という名前は、共通した特徴をもつ仲間に与えられます。「○○もの」とは、共通する機能、用途、生態などで集めたものの名称です。目に見える色や形よりも、そのものを代表する重要な要素に注目する必要があります。子どもに、「ものの本質的な特徴をとらえる力」が育ってこないと理解は難しいのです。

●集まりの範囲が重要

まったく同じものを集めるのは簡単です。「これは昔話で、これは童話で、それは漫画」。でも、みんな「本」だということは、なじみがあるものなので子どもにも分かります。けれど、ひまわりもチューリップも花、カラスもペンギンも鳥、というように括り方が大きくなると難しくなります。そのものがどういう特徴をもち、どういう仲間に所属するかという【属性】の理解は、子どもにとって簡単ではありません。

●ちょっと違うけど「ネコはネコ」

集合を理解するには、白、黒、虎、三毛と、毛並みは違ってもネコはネコ。寝ているネコ、ネズミを追うネコと動作は違ってもネコはネコと、主体そのものに注目する力が必要です。「りんごもみかんもくだもの」とことばだけで理解させるのではなく、遠回りのように見えますが、スーパーに買いに行ったり、デザートとして食べたり、関連する経験を豊かにすることが幼児期には必要です。本質の理解は実体験なしには難しいからです。

あそび

自分たちを分けて集める、集合づくり
仲間は集まれ！

集合づくりを体験します。最初は実際に自分自身が動いて「集まる」ことから、汗をかいたり友だちを呼んだり、友だちと手をつないだりして、楽しさと一緒にいろいろな「仲間」を実感します。

遊び方 子どもたちは赤白帽をかぶって集まります。帽子の色、男女の性別など、子どもにはっきり分かる要素で分かれるよう、指示を出します。

1.「赤帽子はマットの上。白帽子は舞台の上。ようい、集まれ！」

2.「女の子は青い旗の周りに集まります。男の子は緑の旗の周りに集まります。ようい、ピー」

3.「集まる場所はいろいろです。よういドンの合図で集まります。集まる場所を話します。よく聞いていてください。赤帽子の女の子は鉄棒の前。赤帽子の男の子はすべり台の前。白帽子の女の子はブランコの前。白帽子の男の子は砂場の前。さあ、集まります。よういドン」

留意点

くり返すことで、自分の「所属」が分かる

子どもも立派な肩書きをもっています。○○園、△△組、□□グループなど所属を表す名前は多様です。しかし、すぐには分かりません。同じ色の名札をつけたり、同じテーブルについたり、くり返し「同じ」を実感することを通して分かるようになります。帽子の色は自分では見えないので間違える子もいるでしょう。そういうときこそ、「同じ仲間」からの働きかけが有効になります。

遊びの展開

実際にからだを動かして「仲間づくり」の意味が理解できるようになったら、だんだんに抽象度の高いものを分類します。

1. 色や形が異なる、様々な鉛筆・クレヨン・消しゴムなどを用意します。色や長さに惑わされずに「鉛筆は鉛筆の仲間」として集めます。

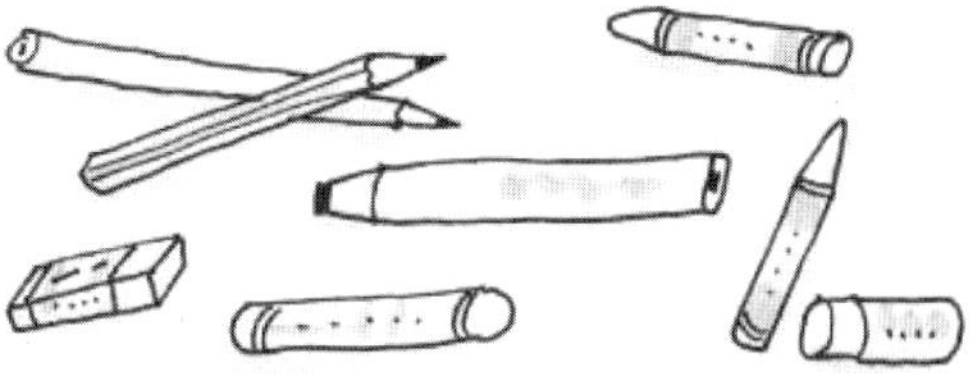

3. 1つの空間の中に混在するものを手で囲んだり線で囲んだりして、仲間を集めます。集まりの基準を決めて「仲間」を集めます。

2. トランプのような1つ1つが切り離されているものを用意します。ハート・スペード・ダイヤ・クラブと、山を分けて集めます。「スペード」といったことばは知らなくても、目で見て仲間が分かれば十分です。

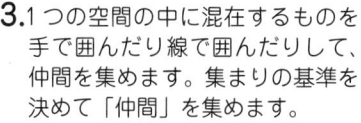

仲間ごとに仕分ける① 分類

かずの基礎となる集合を「分類」の作業を通して理解します。複数のものの中から、1つの種類を選び出すのは簡単ですが、ここでは、「仲間」と「そうではないもの」を区別して仕分けます。

子どもの姿

パズルのピースを分類する

M児がジグソーパズルを始めました。最初にピースを「まっすぐになってる・なっていない」と、1辺が直線になっているピースとそうでないピースに分けていきます。全部を分け終わると「まっすぐになっている」ピースからはめて、縁取りをすべて完成させます。

Point

何らかの基準に沿って複数のものを仕分けることを「分類」といいます。この事例では「まっすぐになっている集合」「まっすぐになっていない集合」の2種類に仕分けています。ここで大事なことは、すべてのパズルのピースはこの2つの集合のどちらかに所属していて、どちらにも属さないものがないことです。

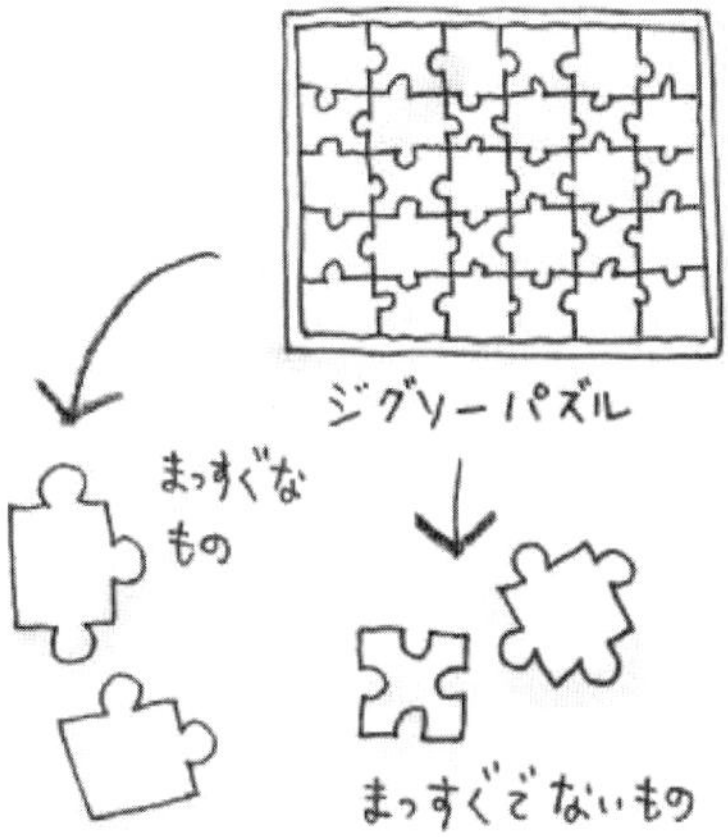

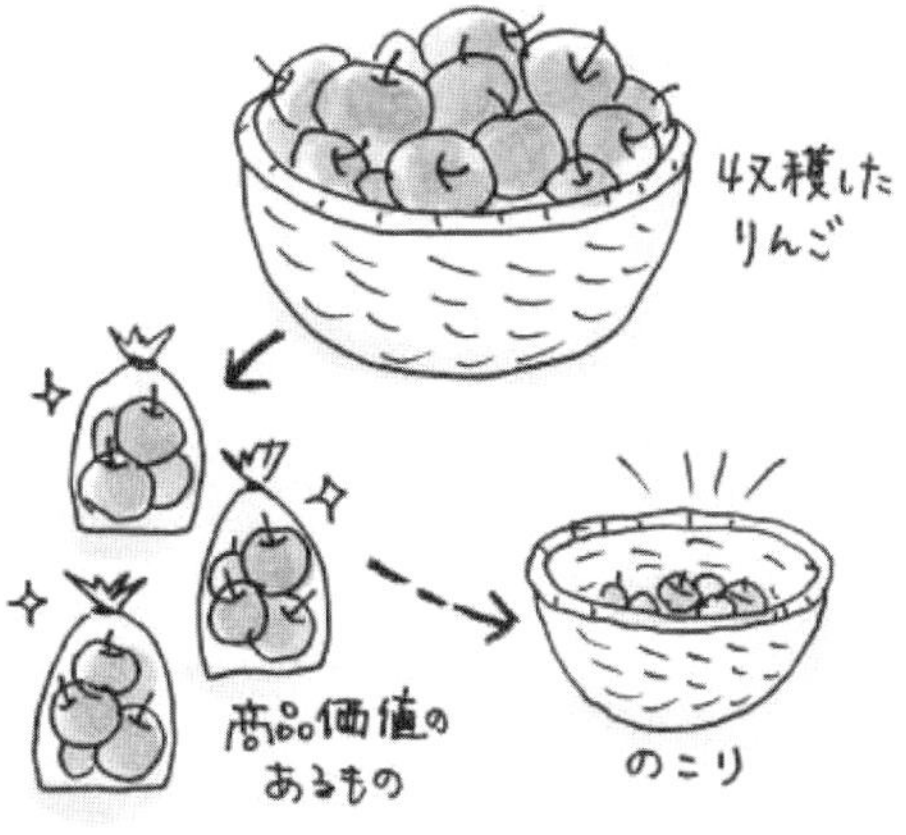

●「AまたはAでないもの」に仕分ける

ものを仕分ける方法は分類だけではありません。たくさんあるものの中から基準に合うものを選び出し、他はそのまま残すやり方もその一つです。例えば、収穫したりんごの中から「商品価値のあるもの」だけを選んで袋詰めするような場合です。残ったりんごは「選ばれなかったりんご」という意味では「等質」ですが、「商品価値のないもの」として仕分けられたわけではありません。あくまでも選ばれなかったものであり、残されたものです。

●「AまたはB」に仕分ける

事例では、ジグソーパズルのピースを「A・まっすぐなもの」、または「B・まっすぐでないもの」の2つに分けています。結果を見ると前記のりんごの仕分け方と似ていますが、分類の考え方は大きく違います。ジグソーパズルでは、初めから集合のラベル（容器）が2個用意されていますが、りんごでは1個です。ラベルの数が多いほうが難しくなります。

●集合のラベルを1個から始める

散らかったおもちゃを片づけるような場面では、分類の経験がたくさんできます。子どもの理解の状態に合わせ、まずはP12の「本を集める」のようにラベルを1つにします。たくさんのものの中から絵本だけを拾い出し、他を残すやり方です。この段階が正しくできないと先には進めません。

あそび 3種類のものを2つに分ける

ものを分類する要素には、いろいろな考え方があります。それを遊びながら体験しましょう。

遊び方　鉛筆・クレヨン・消しゴムの３種類のものを用意します。これを「同じ仲間」で２つに分けるよう、うながします。子どもが分けた後で、「どういう仲間」で分けたのか聞いてみましょう。

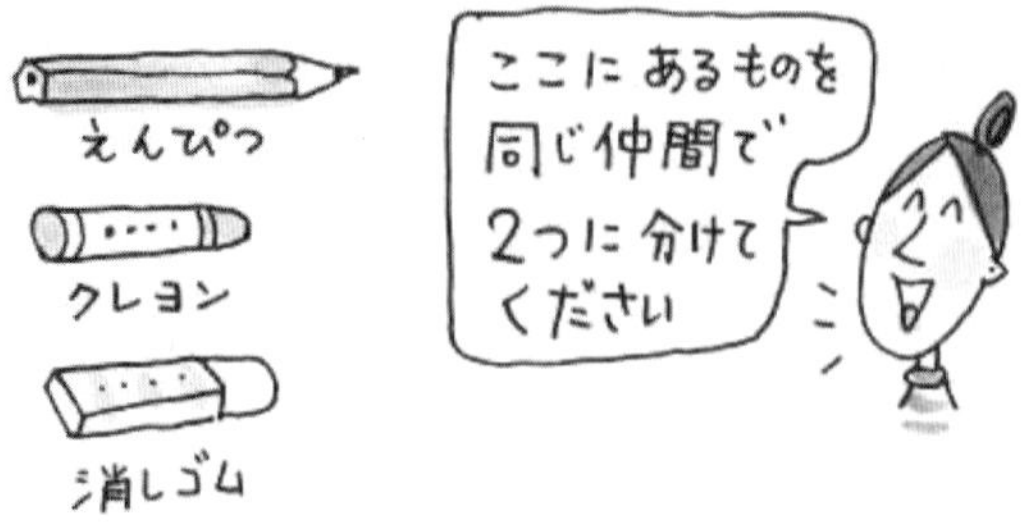

パターン１

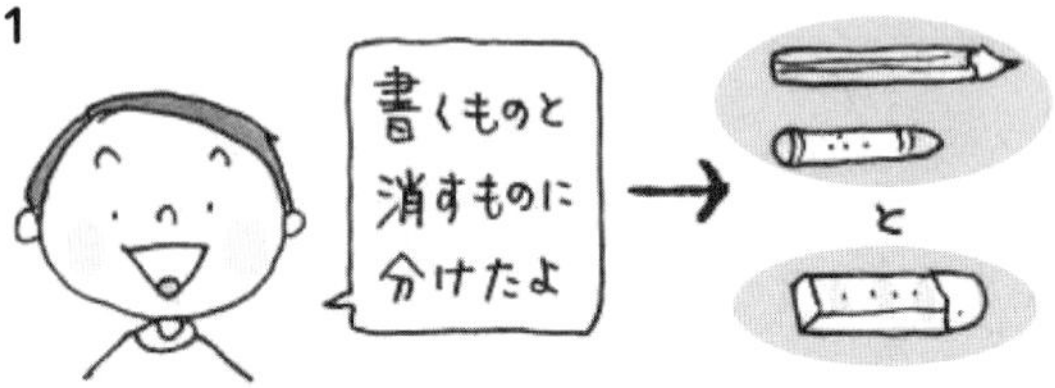

パターン２

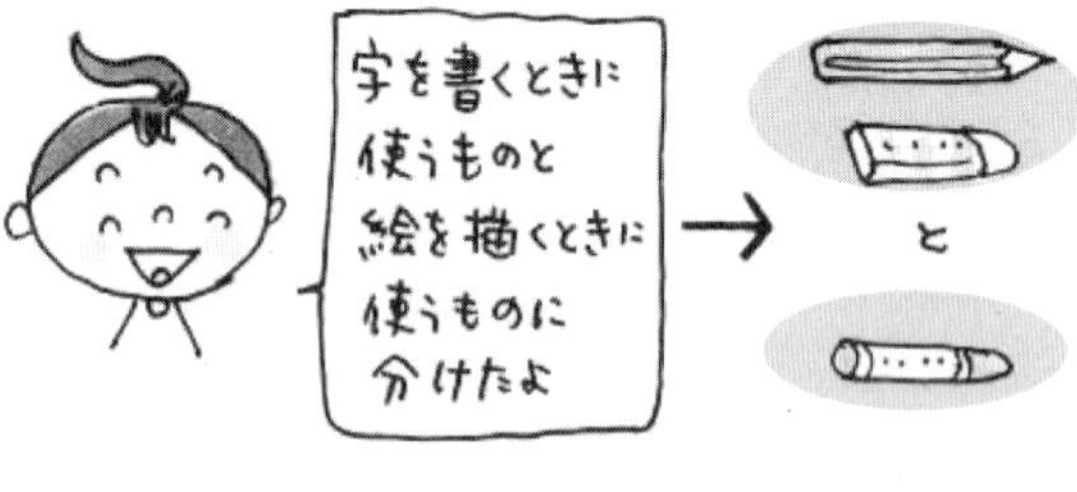

パターン３

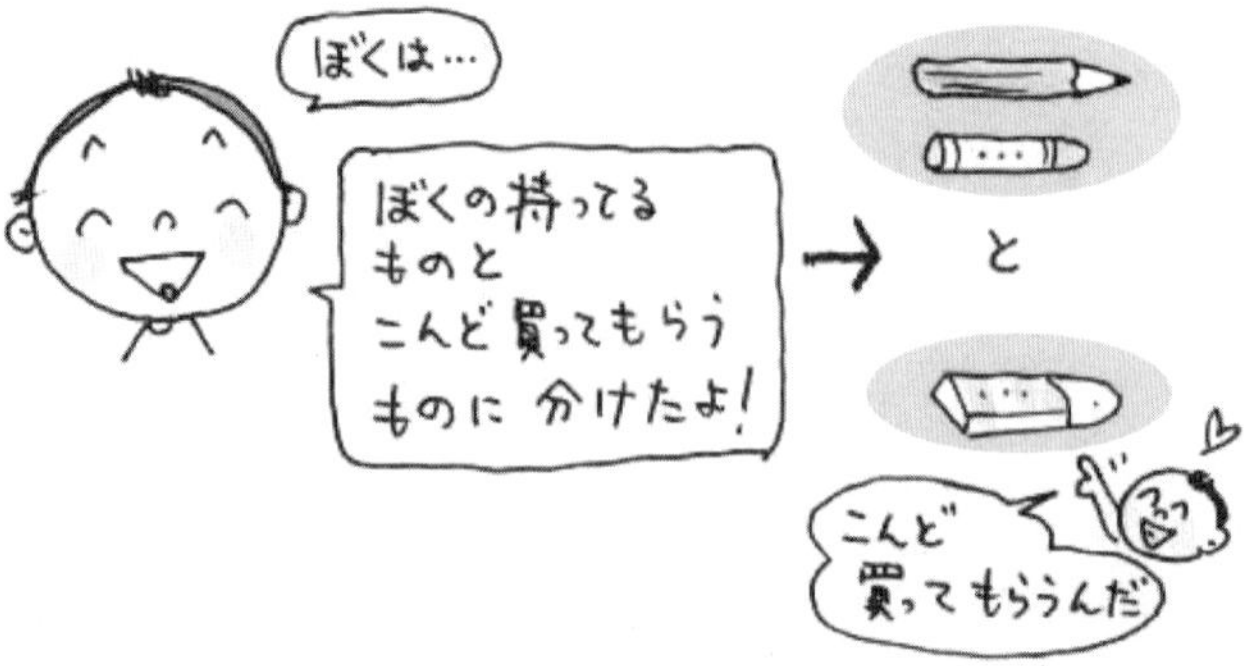

留意点　ほとんどの子どもの分類は以下の２パターンです。

パターン１　書くもの＝｛鉛筆・クレヨン｝
消すもの＝｛消しゴム｝

パターン２　字を書くときに使うもの＝｛鉛筆・消しゴム｝
絵を描くときに使うもの＝｛クレヨン｝

ところがこんな分類をする子どももいます。子どもならではの「パターン３」です。

A＝｛鉛筆・クレヨン｝
B＝｛消しゴム｝
Aは｛自分が持っているもの｝、Bは｛今度買ってもらうもの｝です。

Point

●子どもなりの理由

３番目のパターンのように、何を基準に分類したか分からない場合も少なくありません。よく聞いてみるとその子なりに「理由」があることが分かります。保育では、初めに保育者が「～しましょう」と１つのやり方を提示し、それだけを正答にしがちですが、「自分なりに考えること」も大切です。１つのやり方を提示する前に「子ども自身の考え方」を探ってみる姿勢が保育者には求められます。

●考える力

３つのものを２つに分類する方法は、事例のように３パターンです。しかしパターン３を選ぶ子はあまりいません。多くの人が納得する「論理性」、ほとんどの例に通用する「普遍性」、いつでも同じ状態になる「科学性」が重要なことを次第に理解していくからです。

●基礎・基本の大切さ

子どものユニークな発想は楽しいものですが、過度な賞賛は的外れです。独創性とは、基礎知識や普遍的な知識を踏まえたうえで新たに創造されるものですが、子どものユニークな発想は、その子の経験や生活から導かれた考え方にすぎないからです。子どもは基礎・基本の学習途上にあり、知性の獲得はこのプロセスの中にあります。

分け方は同じでも、理由はそれぞれですね
そう！
子どもにとっては大事な理由です

環境の構成

1 分類をしっかり身につけさせるために

子どものレベルに合わせて「課題性」をもたせる

もっとも簡単な分類はまったく同じものを集める場合です。積み木は立方体、直方体、円筒、三角柱、板など様々な形がありますが、それぞれを別々の場所に集めるなら簡単です。モデルとなる最初の1個があれば、後は同じものを集めればよいだけです。意欲的なのは低年齢児だけです。簡単すぎる分類はやる気につながりません。

そこで適度な難しさが必要になってきます。条件を示して、子どもに分類方法を考えさせるとよいでしょう。例えば3つの引き出しの中に、ままごとの衣類を仕分けるなど、遊び慣れているものを「整理」させます。あるいは、たくさんの数と種類のある色水遊びの道具を2つのかごに「片づける」などです。

子どもが考えた例を紹介すると、ままごとでは、A＝上半身に使うもの、B＝下半身に使うもの、C＝使う場所がいろいろなものの3種です。色水の道具では、A＝水を溜めておけるもの、B＝水を溜めておけないものです。Aはスプーンやペットボトルやコップなどで、Bはざるやじょうご、おろし金などです。自分たちで決めた分類は、しっかり守ります。

2 分類のルールに法則性をもたせる

事務用品はこの引き出し、絵本や図鑑や写真などは本箱、人形やぬいぐるみは整理棚といったように、保育で使う様々なものは、同じ機能や用途のものを一か所にまとめます。

鉛筆はクレヨンとは別々の集合に属していますが、本や人形などの集合と比べると、筆記用具として同じ集合になります。さらに、セロハンテープやはさみや画用紙などの仲間と一緒になると、文房具の集合に属します。文房具は事務用品に属します。さらに事務用品は道具に属するといえるでしょう。記号を使って書くとこうなります。

鉛筆∩筆記具∩文房具

このように、分類はいくつもの集合が「入れ子状態」になっています。ものをよく知るとか、ものを理解するとか、ものの定義をするといったことは、こうしたものの特徴の差異や類似を比較して、そこに一定の法則性を見出すことです。

子どもが「画用紙はあそこにあるに違いない」「割りばしはこちらへんにしまうに違いない」と予測できるような環境にすることが大切です。

仲間ごとに仕分ける②
カテゴリー分類

様々なものをいくつかの種類に分けます。分けるかずが増えるほど難しくなります。どんな種類に分けるのか全部を知ったうえで、手にしたものがどの仲間と一緒か判断します。

子どもの姿

砂場の道具を仕分ける

砂場の道具は、使った後はそれぞれ仕分けし、ラベルで示したかごに入れることになっています。A児は、ふるいを手にして、かごの横を行ったり来たりして、「先生、これどこに入れるの？」とふるいを見せながら聞いてきました。保育者は、「そうね。どこかな」と並んだかごを見て、「じゃあ、丸い仲間だからここに入れて」と「さら」のかごを指差します。A児は「さ、ら」と読んでから、ふるいを入れました。

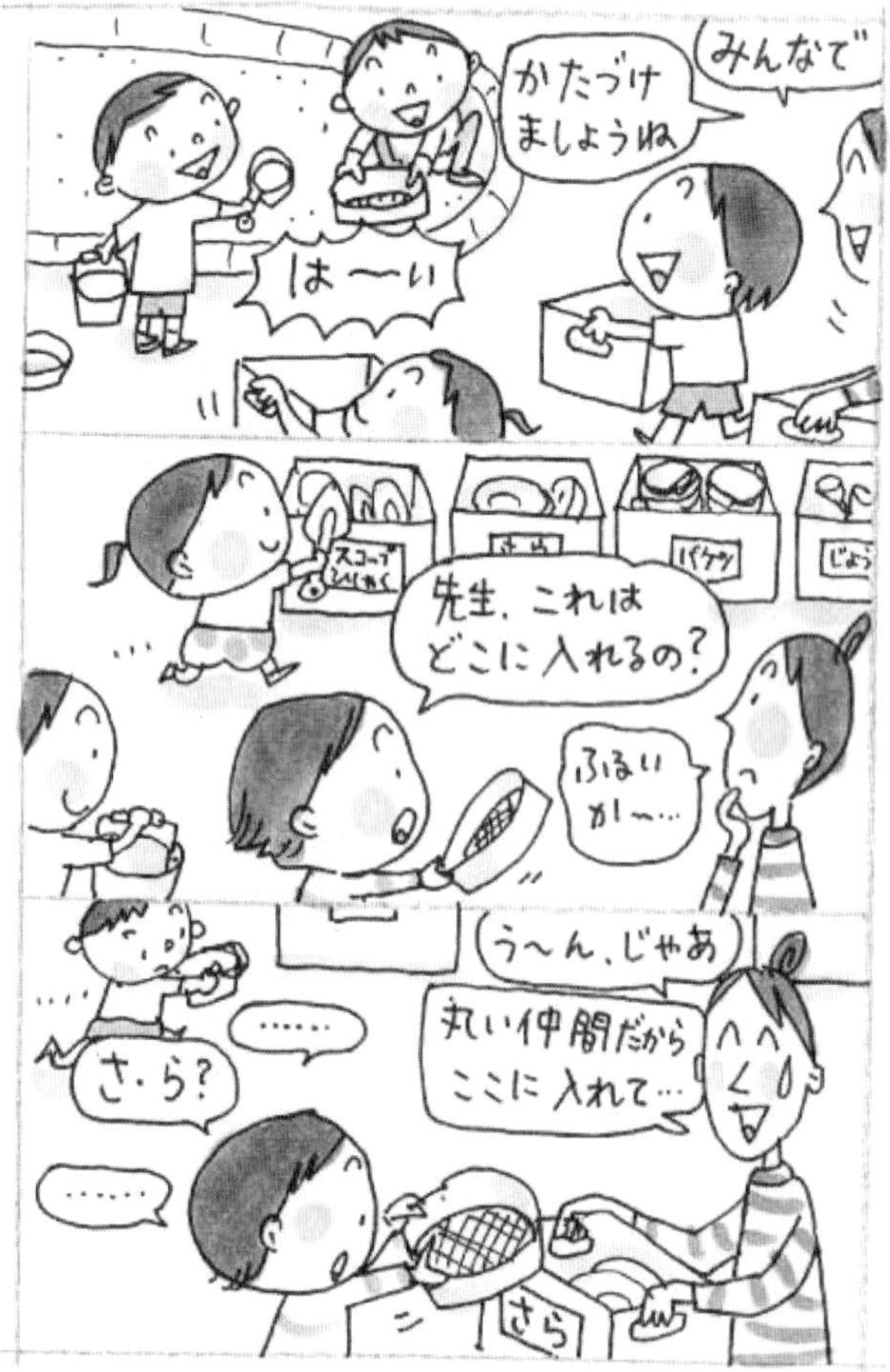

Point

せっかく子どもが分類しようとしているのに結局、間違った分類をさせてしまいました。「その他」のかご、つまり、分類できないものを入れるかごをつくっておくと解決します。

●「必ず、どこか」に所属できるようにする

分類で大切なのは、すべてのものが必ずどこかに入るということです。もし入れる場所がないなら、仕分けの基準が間違っています。また、入れる場所が「あっちでもこっちでもいい」ような場合、つまりどっちつかずのときも、もとの仕分け方が間違っています。事例のように「ふるい」の属する場所がないのは、最初の仕分け方が間違いなのです。

●同じ種類のものは、ひとまとめにする

砂場の道具を1種類ずつに分けるようにかごを用意するとなると、膨大な量になってしまいます。バケツやじょうろのように、大きくて数がたくさんあるものは1種を1つのかごに決めたほうがいいでしょう。でも、小さなへらやスプーンや杓子を1つずつ分けるのでは煩雑すぎます。合理的な分類を考えましょう。

●全部を見通してから、分け方を決める

初めからいくつに分けようと決めるやり方もあります。あるいは、決めずに仕分けていって、最終的に必要な数のかごを用意するやり方もあります。どちらがいいかではありません。どちらの場合も全部が「もれなく」「重複なく」、いずれかのかごに入るか確かめることが大切です。かずを数えるときの原則（P154）と同じ考え方です。

環境の構成

ままごと道具を仕分ける

道具⊃食器⊃茶碗

学年末や新学期などは、分類を考え、体験する絶好の機会です。どのようにして分けるのか、子どもたち自身に考えてもらいます。

活動の例

「ままごとの食器棚が新しくなったね。きれいに片づけよう」と道具の整理を提案します。子どもたちは、いろいろな考えを出し合って、仕分けをします。

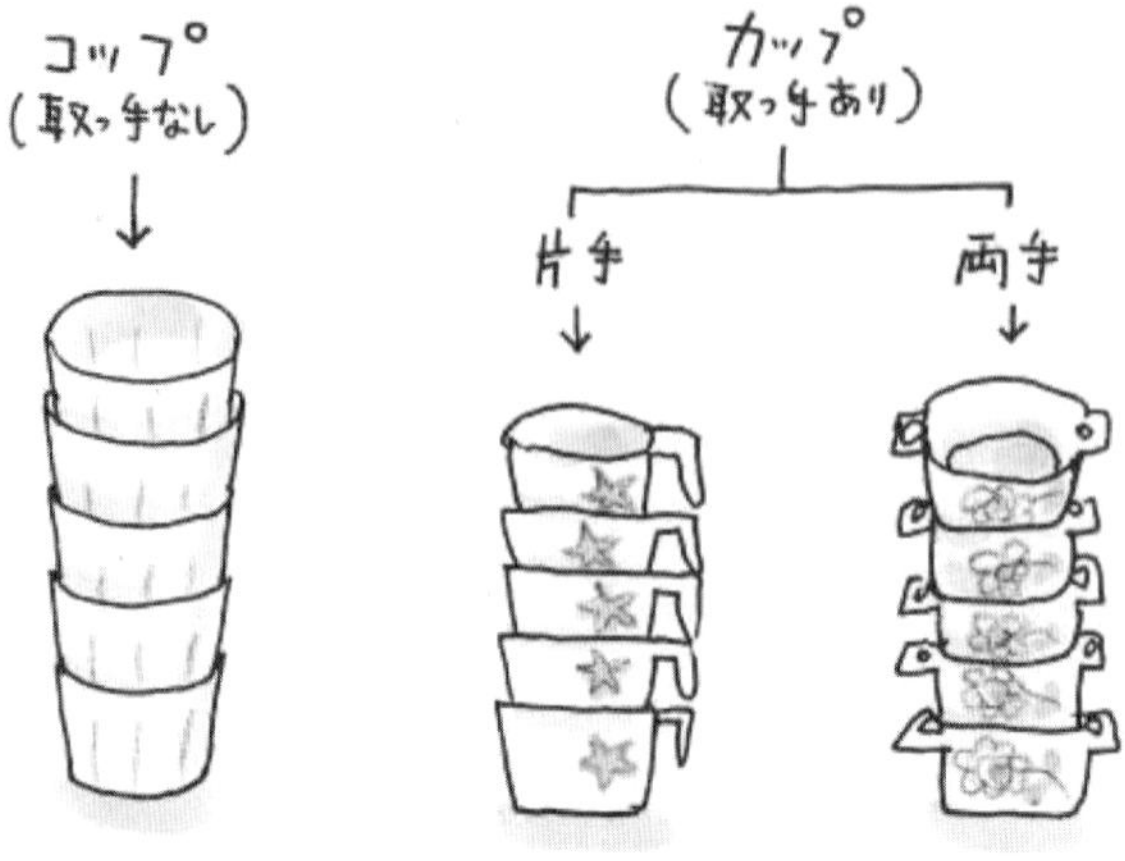

1. 形で分ける

コップ（取っ手なし）とカップ（取っ手あり）に分け、さらにカップは片手のものと両手のものとをきれいに積み上げました。

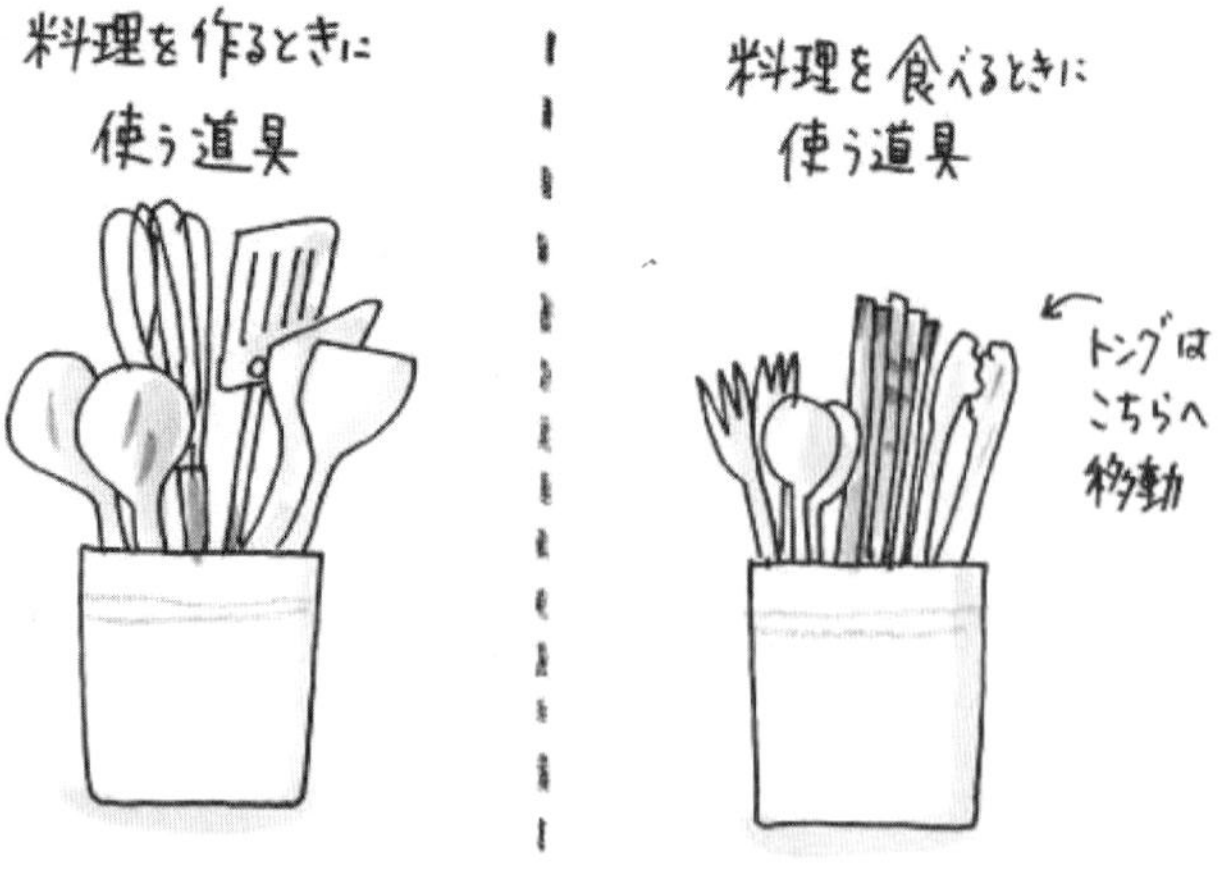

2. 場面で分ける

杓子、へら、泡立て器などと一緒の引き出しに入っていた「トング」は、箸、スプーン、フォークと一緒の筒に立てるようにしました。「料理をつくるときに使う道具」と「料理を食べるときに使う道具」に分けたからです。

保育者の援助・5個ずつをセットにしておく

子どもたちが真剣に分類している機会をとらえて、さらに数学的体験が積めるように援助します。

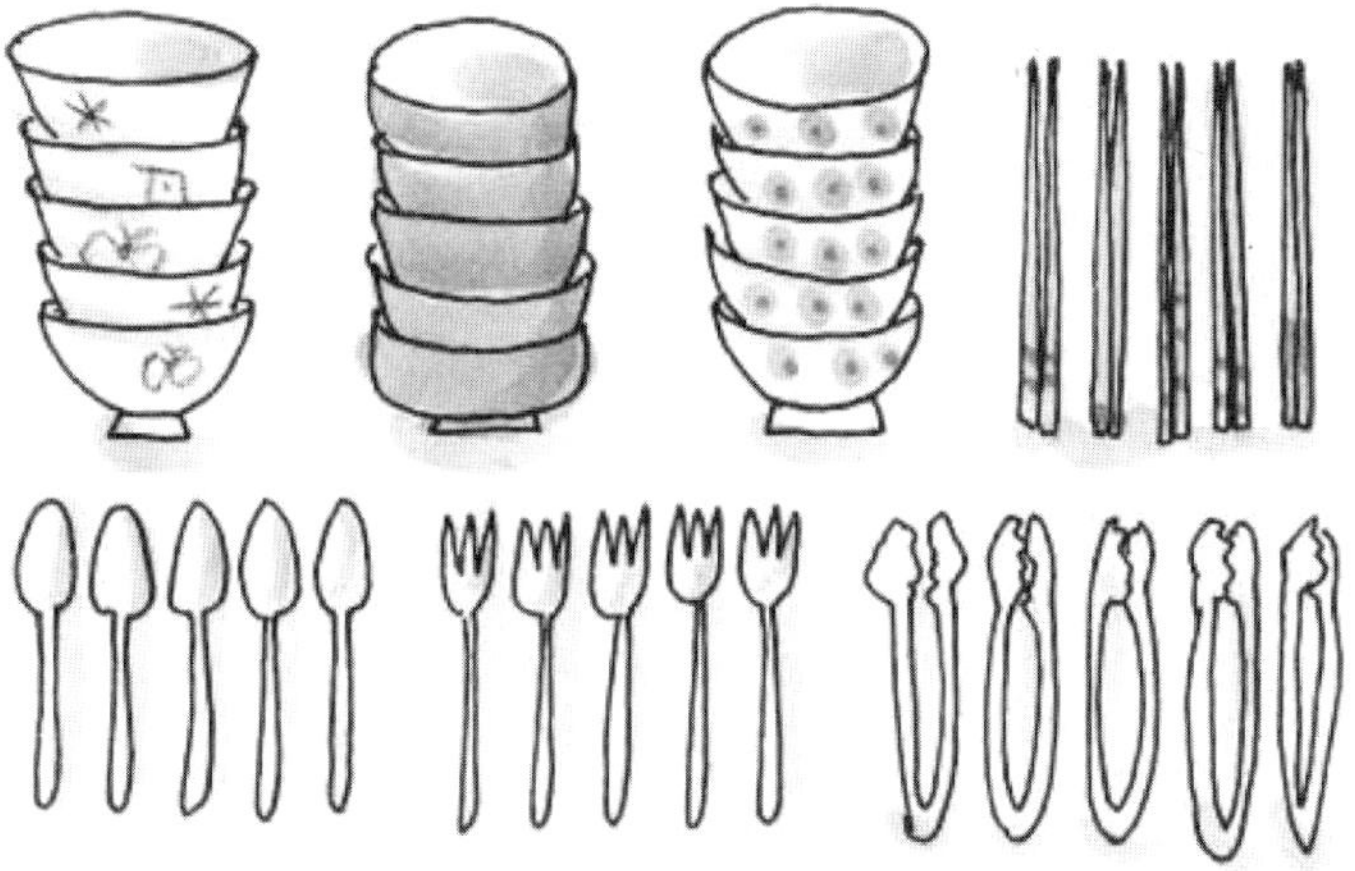

1. 飯茶碗・汁椀・共用椀のそれぞれをすべて「5個」に揃えます。「1個足りない」などが目で見て分かるようにするためです。箸・スプーン・フォーク・トングも常時出しておく量は5個ずつに統一して、それぞれが同じ量であることに気づかせます。

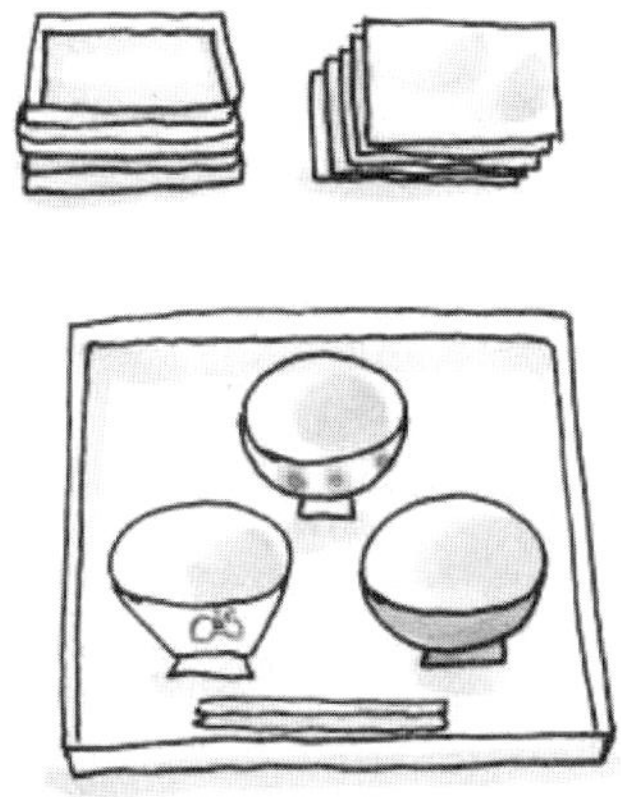

2. それぞれの茶碗や箸などが1対1対応でセットできるように、盆（トレー）やランチョンマットも5枚ずつ揃えます。

3. 配膳の決まりが習慣として身につくように、左に飯茶碗、真ん中に共用椀、右に汁椀を置きます。間違いに気づいたときは保育者がさりげなく置き直します。

あそび

自分は何の仲間か、考える フルーツバスケット

「赤い果物」などの条件をつけた、フルーツバスケットです。自分が決めた果物にどのような要素があり、何の仲間にふくまれるかを考えて遊びます。

遊び方

1. 1人が1つの果物を選びます。その果物が何か「誰にも分かるように」印を身につけます。

2. 全員が何かしらの果物になります。果物以外のものを選んだり、後から追加することはできません。

3. 名前を呼ばれたり、出された条件に当てはまるときは、席を移動します。「フルーツバスケット」では、バスケットに入っているもの全部が対象になります。

あそびの発展

集合（仲間）の名前と、それに所属する仲間を決めれば、フルーツバスケットの他にもいろいろなあそびができます。たとえば以下のように、保育の中でみんなが関心をもっているものにしましょう。

・カレーライス＝｛肉、じゃがいも、にんじん、たまねぎ、カレールウ、水、塩｝
・のりもの＝｛電車、自動車、飛行機、バス、船｝
・むし＝｛セミ、カブトムシ、アリ、カ、カマキリ｝

Point

●目印は「等質」であることが大切

①で身につけるものは、同じ色の帽子、同じ絵のお面、同じスカーフなど「同じ仲間」であることがすぐに分かることが大切です。子どもの「個性的な絵」は、この遊びには不適当です。客観的に「同じ」と分かるものにします。帽子やお面は自分では見えないので、慣れてきてからにします。

●要素と範囲を決めておく

「すいか」のように果物か野菜か迷うようなものもあるので、「仲間」として認めるかどうか確認をしておきます。また、果物の種類はたくさんありますが、ここでは「バスケットの中に入れたもの」だけが「仲間のすべて」です。このように、集合を考えるものの全体についてしっかり決めておくことで、考えやすくなります。

●算数の「集合」であつかう内容について

このあそびで考えてみると以下のようになります。

＊部分集合＝単品のりんご、なしなどを指します。
＊合併集合（むすび）＝「黄色いくだもの」では、「バナナ」も「みかん」も対象になります。
＊共通集合（まじわり）＝「赤いくだもの」で、なおかつ「皮のないくだもの」では、いちごが対象になります。

比べる① 2つのものを比べる

子どもの姿

どっちが「大きい」？

「ケーキつくろう」とA児とB児が砂場にやってきました。二人とも「大きいの取った」と同じカンに手を伸ばします。「じゃあ、じゃんけん」と勝ったほうが「大きいカン」で、負けたほうは「小さいカン」になりました。大きいと判断されたカンは、直径が大きくて浅いもの。小さいのは、直径は小さくても深いカン。体積では、後者のほうが大きいのですが……。

この時期の比べ方は「直感」です。見た目や印象で判断しますが、それも大切な理解の仕方です。実際に遊んだり、使ってみたりすることでだんだんに客観的な判断ができるようになっていきます。

Point

2人の大小の比較の基準は、上から見た面積＝「広さ」です。しかしあそびでは砂をシャベルで何回もすくったり、持ち上げて重さを実感したりしながら、体積を学んでいるとも言えます。子どもは遊びを通してたくさんの数学的体験を積んでいます。

●二重比較は難しい

事例にあるように、子どもは一度に2つの点に注目し、考えることはできません。上から見た円の面積だけで判断して、深さは無視しています。色水遊びでサイズやかたちが違うコップなのに、一生懸命高さを揃えている姿などもこれと同じです。一見すると比べているかのようですが、高さだけに注意を払っていて量には気づいていません。この時期にはそれで十分です。できあがったケーキを切り分けたり、ケーキを元の砂山に戻すときに、「おや？」と感じるかもしれません。砂や水などの量に関する体験は、かずの体験より先行する基礎の考えになります。

●体験を通して比べる

違いは目に見えるものだけではありません。重さや温度や湿り気などは、実際に持ったり触ったりしないと分からないものもあります。抽象的なものを考える前に、できるだけ多くのものとのかかわりを通して「感覚的な理解」をすることが大切です。感覚的な理解の過程なしに、抽象的な理解はできません。

●比較のことばは使わなくても

子どもは「これは大きい」とは言いますが、「これは、あれよりは大きい」と比較した表現はしません。事例でも「大きいの」としか言っていません。子どもは、本当の量を確かめたりはしませんが、必ず自分にとって「より得なほう」を選び出しています。いずれ、判断を間違ってがっかりしたり、主張を譲らない経験などから、正しい理解を促す新たな体験も加わるでしょう。

あそび

遊び方

手作り教材で楽しく 2つの絵の間違い探し

２つのものをよく見比べて違っている個所を見つけます。あらかじめ間違いの個所がいくつあるかが分かるようにしておくといいでしょう。いったん中断してからまた根気よく探したり、友だちと一緒に取り組んだりするからです。

1. 「原画」となるものを用意し、コピーします（※左ページ「留意点」参照）。

2. コピーした絵の一部を修正液で消し、新たな絵を加えます。
   - 間違いの種類
     欠損（あったものがなくなっている。または加わっている）
     代替（別のものに替わっている）
     大小（元の絵と大きさが変化している）
     多少（複数あったものの数が増減している）
     方向（元の絵と方向が変化している）

3. 原画を左、修正したものを右に配置して印刷します。

まちがいは
7つあります！
なにか ヒントが
ほしいなあ
まだ3つしか
見つから
ないよ
あと
1つ
だよ
いくつ
みつかった？

4. 右利きの子は手で絵が隠れないように、右側の絵で間違いを探します。左利きの子は左の絵でチェックすると探しやすくなります。一般的には右利きタイプになっているので、どちらでもできるようにしていくといいでしょう。

留意点　**注意！絵本やまんがのコピーについて**

絵本やまんがをコピーしたり、元の絵に手を加えて使うことは、本来は「違法」です。ただし園で保育教材として使用する場合は例外的に認められています。ただし地域の子育て支援などのイベントで使用する場合は、非営利であっても許諾が必要になります。申請する場合は、一般社団法人日本書籍出版協会Web サイト「お話会・読み聞かせ団体等による著作物の利用について」から［著作物利用許可申請書］を提出します。
http://www.jbpa.or.jp/pdf/guideline/all.pdf

比べる② 対のものは同数

かずを正しく理解するための基礎をしっかり身につけます。1つのものに1つのものが「揃っている」「足りない」「多すぎる」を調べ、「揃っているものは同じ」と判断できる力を培います。

子どもの姿 1

ペアをつくって片づける

砂場当番の子が道具を片づけています。シャベルを下げるワゴンを点検していた子が「ちゃんと掛けなきゃダメなのに」と1つのフックに2本掛かっているシャベルの1つを外し、空いているフックに掛け直します。全部のフックにシャベルが1つずつ掛かっているのを確認すると「よし、揃ってる」とワゴンを押して行きます。

すなばのどうぐ、かたづいたね
あれ?
ちょっとまって
ここに 2つかかってるよ
ほんとだ!!
ちゃんとかけなきゃだめなのに…
これでよし!
まかせて安心!
いっしょにいこう!!

Point

空いているフックがなく、重複してかかっているシャベルもなく、1つのフックに1本ずつシャベルが掛かっている場合、フックとシャベルのかずは同じです。「いち、に、さん…」の数詞を知らなくても、対（ペア）をつくることで過不足を判断できることが大切です。

●1対になっているものは同数

1つのものに1つのものを対応させ「対」にする【1対1対応】は、かずを理解するうえで最も基礎的なことです。「数える」とは「1つのものに1つの数字を振り当てる」ことなので、数えることも1対1対応です。けれど数えることを急いではなりません。まずは1対1対応を確実に身につけさせます。

「確実に身につく」とは、ものとものを「もれがない」ように対応させ、同時に「ダブらない」ように1対1対応させ、最後に「揃っている」のをていねいに確かめるという、3つのことができる段階を意味します。

●暮らしの中で体験させられるように

1対1対応をさせて「足りない・余っている」が日常的に経験できるように、園にあるものを常に対にしておきましょう。

・異種のものが必然的にペアになっているもの
ほうき—ちりとり　トライアングル—バチ　なべ—ふた
すりばち—すりこぎ　のり—手拭タオル　マーカー—キャップ

・異種のものがゆるいつながりでペアになっているもの
花瓶—花　カップ—ソーサー　急須—湯呑
スプーン—フォーク　フォーク—ナイフ　ボール—グローブ

・同種のもので一部が違うもの
赤玉—白玉　碁石（黒）—碁石（白）　青ゼッケン—緑ゼッケン

子どもの姿 ②

「同じはず」を迷わせる、見た目の量

しっぽとりで遊んだ後、使った帽子としっぽをかごに入れます。帽子のかごは山盛りなのに対し、しっぽのかごは半分ほどです。

A児「しっぽたりないんじゃないの」
B児「え、みんな返したよ」
A児「だって、こんなに少ししかないよ。帽子はいっぱいなのに」
B児「でもさ、もう誰もしっぽつけてないよ」

Point

A児は見た目で帽子としっぽの量を比べて、かさの少ないしっぽを問題にしています。このように目に見える「見かけの量」で判断することはよくあります。

子どもは密度には注意が向かず、広がっていたり、高くなっているもののほうが多いと感じるようです。

●同じはずなのに

帽子としっぽを1つずつ身につけて遊び、その後、全員が帽子としっぽを外したので、「帽子としっぽのかずは同じはず」とA児も気づいているようです。「1対1対応していたもののかずは同じ」という原理です。だからこそ、帽子としっぽの量が違って見えるのはおかしいと思うのでしょう。この時期の子ども特有のもののとらえ方です。

●かずの保存性

かずを理解するうえで、「ある集合の要素の配置や束ね方を変えても、その要素のかずは変わらない」という【保存性】を理解することはとても重要です。保存性とは「かずは足したり引いたりしない限り変わらない」という意味で、「不変性」ともいいます。大人には当然のことですが、子どもには難しい考え方です。「ハンバーグが小さい」と不平を言う子に、ハンバーグを小さく切り分けて広げてやると満足するのは、この保存性が分かっていない姿を示しています。

●もれの点検

A児がしっぽのかごの中味（要素）を見て疑問を感じているのに対し、B児は「もう誰もしっぽつけてない」と子どもたちのほうを見ています。もれがなく、すべてがかごに入っているという確認をしたのです。A児が納得するまでにはまだ時間がかかりそうです。再び同じような場面に出会うでしょう。体験を積み重ねる中から、だんだんに理解していくに違いありません。

子どもの姿 3

様々な材料を一人ひとりに配る

店やごっこをホールでするからと、6人で準備を始めます。めいめいが用意した材料を、各自に配っていくことにしました。

A児は様々な形のセロファン紙を6枚取り出すと、1枚ずつていねいに出して配ります。B児は握っていたモールを1本ずつ渡していきます。C児は色の違うテープを1巻きずつ配ります。

Point

「仲のよい6人でホールに移動して遊びたい」という明確な目的と意欲が、「それぞれが手にまとめて持っている総数6を一人ひとりに均等に分配する」難しい課題を克服しました。事例のような作業は、1対1対応の理解を図る大切な体験です。かずを理解するうえで最も基本となる1対1対応は、原則を確実に理解することが必要です。初期には惑わされて間違えます。分かるまでにはたくさんの体験が必要なのです。

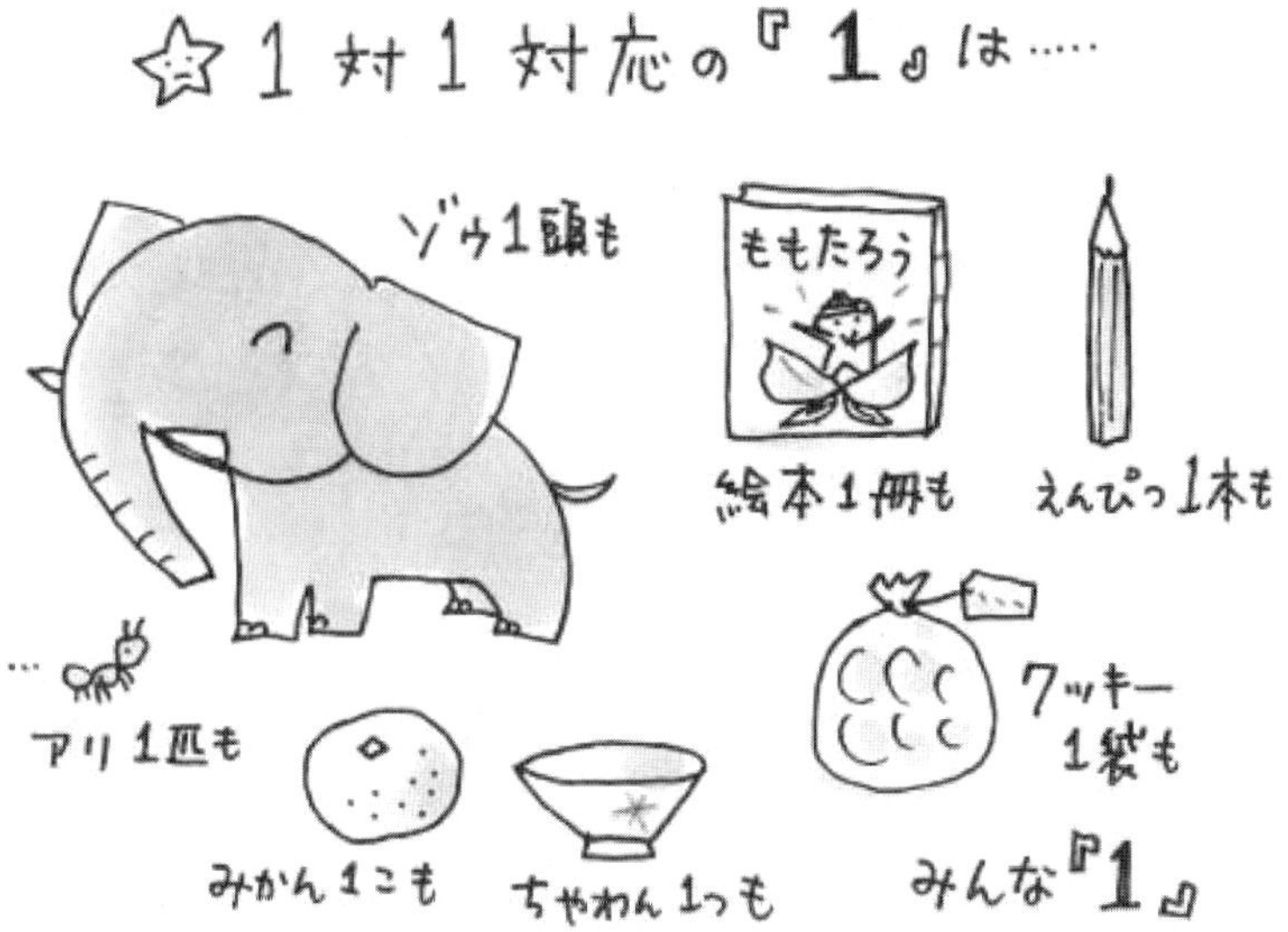
☆1対1対応の『1』は……
ゾウ1頭も
ももたろう
絵本1冊も
えんぴつ1本も
…アリ1匹も
クッキー1袋も
みかん1こも
ちゃわん1つも
みんな『1』

●要素の属性にとらわれない

1対1対応は、大きさ、色、形などの違いは無視して、かずだけの対応をすることです。ゾウの1頭もアリの1匹も菓子の1袋も1は1です。事例で切れ端のような様々な形のセロファンを、1は1として配っている姿です。

●要素の配置にとらわれない

対応させるものの並べ方や置き方は問題にしません。散らかっていても、きちんと並べてあっても、かずだけに注目します。束ねて持っていたモールを配って、ばらばらになるような状態を指します。

●集合の他の属性にとらわれない

対応するものの密度などにはこだわらず、かずだけを対応させます。例えばバケツの中に入った砂や、袋に詰めたさつまいもなどをイメージするといいでしょう。バケツや袋にぎっちり詰まっているかどうかには関係なく、1杯、1袋とかずだけに対応することです。事例では、テープがそれに相当します。たくさん残っていて太いものもあれば少なくなって細いものもありますが、1巻は1として考えています。

比べる③ かずは変わらない

あそび 並べられないものを比べる ウシとヒツジはどっちが多い？

２つのものの大小を比べるときは「1対1のペア」をつくれば分かります。しかし、動かせないものは「対」にすることができません。代わりにおはじきを使って「対」をつくり、多少を調べます。

遊び方

1.「かず」のワークブックなどから、数を比べるものがあちこちにちらばっている絵を用意します。例えばウシとヒツジがいる牧場の絵の場合、ウシかヒツジ、どちらかに決めます。ウシに決めたとして…。

2. ウシの絵の上におはじきを置きます。よく見て、1頭のウシに1個ずつ、全部のウシに載せます。

3. 置き忘れや重ねて置いたところがないか確認します。

4. 余ったおはじきは、絵の上のものと混ざらないように片づけます。

5. 絵の上に載せたおはじきをいったん手元に集め、次にそのおはじきをヒツジの絵の上に置きます。全部のおはじきをぴったりヒツジの上に置けたら、ウシとヒツジは同じかずです。

6. 今度はヒツジから始めます。何度やっても「同じ」を理解します。

Point

●「かずを数える」とは、どういうこと?

A＝Bで、B＝Cのときは、A＝Cが成り立ちます。これは「三段論法」ですが、数学的な視点では「推移律」といいます。そんな難しいことは就学前には関係ないと思うかもしれませんが、〈Aはウシ　Bはおはじき　Cはヒツジ〉とすると、この等式の意味が分かるでしょう。

ウシの上に載せたおはじきをそのままヒツジの上に置くと、ちょうどぴったり。ウシとヒツジのかずは同じという意味です。ものが変わってもかずは変わりません。

かずを数えるのもこれと同じです。Aはウシ、Cはヒツジ、ここまでは同じです。Bを「いち、に、さん…」という数詞にして、おはじきを1つずつ置く代わりに、「いち、に、さん…」の数詞を当てていきます。これが、「かずを数える」ということなのです。

数詞やおはじきでなくても構いません。ウシを「いろはに…」と言いながら「ほ」までになったら、今度はヒツジを「いろはに…」と唱え、ちょうど「ほ」で終われば同じかずということになります。

おはじきでも数詞でも「いろは」でも、考え方は同じなのです。

保育実践　ばらばらにしても、まとめても、同じ

量の保存

だいたい同じ量の塊になっている粘土を、子どもは1つずつ持って席に着きます。塊をくずしていろいろ細かいものをつくるA児、B児の横で、C児は塊のまま何か作ろうとして、「もっと粘土ちょうだい」と訴えます。

保育者はみんなに同じ量をあげたから我慢するように話すと、「B児には、あんなにたくさんあるのに自分のはもうない」「初めから少ししかなかった」と言い張ります。やり取りを聞いていたA児は、自分のものをあげるといいます。「ぼくはたくさんもらった」といって、「ほら、いっぱいあるでしょ」と塊を指します。

Point

子どもに「保存性」や「不変性」が分かるように、
①正確に同じ量にする。
②元に戻すと同じ量になること。
を実感させましょう。

●「同じ量」であることを、子どもにも分かりやすく見せる

粘土を同じ量にするために、保育者は子どもの見ている前でプラスチックの箱に詰め、余った分はへらで切り落とします。子どもも遊び終わったら、自分で粘土を箱に詰めて元の塊に戻します。余った部分を切り落としたり、足りない分を補充して同じ量にします。遊びと片づけをくり返す中から「保存」を学びます。

保育者の留意点

＊粘土は遊んでいるうちに減っていくので、元の１人分の量よりやや少なめの塊にします。残りは補充用にとっておきます。

＊土粘土は粘着力があるので、箱に詰めると取り出すのが大変です。雨どいに使う半円柱の塩ビ管は端のほうからめくって取れるので、子どもにも扱えます。

＊かずの指導計画をたてるときに、すぐに「1.2.…」と数えて「全部でいくつ」を考えさせたり、「10まで数えたら交替」など唱和させたりするのは急ぎすぎです。その前の段階として、粘土や砂のような連続量の操作から始めるのが適しています。

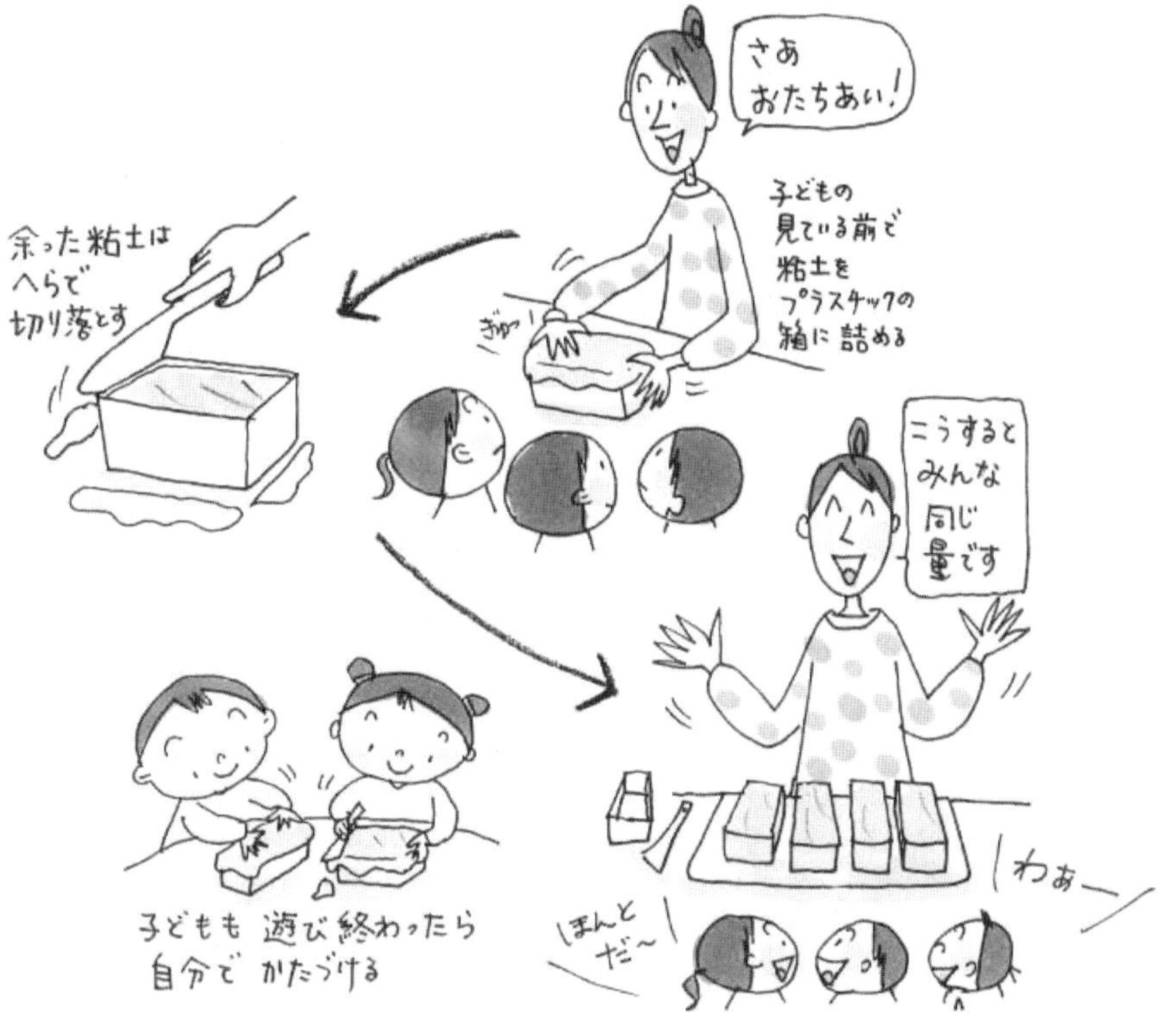
さあ おたちあい!
子どもの見ている前で粘土をプラスチックの箱に詰める
ぎゅっ!
余った粘土はへらで切り落とす
こうするとみんな同じ量です
わぁー
ほんとだ~
子どもも遊び終わったら自分でかたづける

環境の構成

コップのお茶は同じ？

コップのお茶は同じ？

子どもが家庭から持ってきたコップの形やサイズはばらばらです。保育者が大きなやかんからお茶を注いで回ります。だいたい目分量で同じくらいの量を配っていますが、子どもたちは横から水位を比べたり、上からのぞいて「こっちが多い」とか「少ないのでもっと足して」などと言っています。

Point

同じ量でもコップの底面積によって高さが違ってきます。多くの子どもは量の多少を高さだけで判断します。また、コップを上から見て表面積が大きいほうを「こっちのほうがたくさん」と判断しがちです。「見かけの判断」をしている段階にある子どもたちに、言葉で説明して「不変性」を教えることは不可能です。言葉ではなく、感覚的な理解をうながす機会が必要です。

●量の保存に気づかせる

保育者はまず計量カップにお茶を注ぎ、それをそれぞれの子どものコップに入れることにします。計量カップの目盛を点検する動作をオーバーにして「同じ量にしている」ことを伝えます。子どものコップに注ぐときは、計量カップの中にお茶が残っていないように2〜3度振り、「残さず移した」ことが感じられるようにします。

●関心がわく

お茶の量を話題にしていなかった子どもも、急に関心をもつようになります。自分のコップにお茶が入るとすぐに覗き込みます。そして友だちのコップに自分のコップを並べ、横から水位を比べます。保育者はこうした行為には笑顔で対応し、ますますまじめな表情で測るといいでしょう。

●将来の理解を促す

論理的な思考になる前段階には、実際に「やってみて分かる」体験的理解があります。この事例では保育者が操作をしていて、子どもは間接的な体験に留まっています。しかし将来、水遊びなどで子ども自身が同じような操作をする刺激になります。

あそび

遊び方

大きなかずを体験してみる
園庭の木を数えよう

園庭の木は、小さなものを含めるとかなりのかずになります。ウシやヒツジにおはじきを置いたように、縄を使って数え、ある程度大きなかずを実感してみましょう。

1. 縄を木に巻きつける

1人1本ずつ縄を持っているので、縄がちょうどなくなったら、木のかずはクラスの子どものかずと同じです。ところがあっという間に縄が無くなってしまいました。木が子どものかずよりも多いとは誰も予想していませんでした。「同じ木に縄を2本巻いたかもしれない」と点検しなおす子どももいます。

2. 縄の代わりにひもを使う

ナイロンひもを縄と同じくらいの長さに切って使うことにしました。子ども1人に10本ずつの束にして用意しましたが「まだ足りない」と何度も取りに来ます。イチョウのような大木から背の低いジンチョウゲまで「もれがないか」と点検して全部の木につけます。

Column

吉四六《きっちょむ》さんの知恵

吉四六さんのとんち話の中にこんな話があります。殿様から「あさってまでに山の樹が何本あるかを調べてこい」という命令をもらった吉四六さんは、村人に頼んで1日目は山のすべての木に縄を1本ずつ巻きつけました。そして翌日はその縄を全部集めて数え、見事に総数を答えたのです。

3. 縄とひもを集めて「10の束をつくる」

取り外しは簡単です。保育室の中央に縄やひもを集めます。2～3人で一緒に「10本」に揃えます。総数は100を超えるかずになりました。自分たちのクラスの人数が4つ集まったくらいだと聞くと「すごい」というものの、いまひとつ納得はできないようです。

4. 木の総数に匹敵する子どものかずを実感する

他のクラスの子どもにも協力してもらいます。一堂に会する中で「木の総数＝縄・ひもの束＝集まった子ども」であることを話題にします。比べる対象を、園庭の固定遊具やのりものにしたほうが、もっと実感が持てたかもしれません。しかし、体験は強く印象に残ります。幼児期にはそれで十分です。

測る① 目で見て直感的に判断する

生活の中の決まりを知っていると便利です。決まりには人が決めたものもあれば、自然の法則もあります。たくさんの決まりに出会う中から、それに気づき、少しずつ意味を理解していきます。

子どもの姿 1

暮らしの中で法則性に気づく

A児は棚の上のぬいぐるみを背の順に並べ替えています。いったん並べた中からクマとゴリラのぬいぐるみを取り出すと、背丈を比べます。そして「おデブちゃんはこっち」とゴリラのほうを高い位置に置きます。

ままごと用品を洗濯して布類をハンガー（いくつも下げるタイプ）に干していくと片方が極端に下がっています。保育者が「せっかくきれいにした洗濯物が汚れそうね」というと、B児が「こっちばっかりはダメだよ」と取り外して反対側に移します。

Point

身の回りには様々な法則が隠されています。子どもは生活の中で「ルール」に従って行動したり、現象や事実に出会う中から「規則性」に気づいていきます。保育者はそうした体験が豊富になるよう援助します。

●決まりをつくる

子どもは勝手に暮らしているかのように思われがちですが、そうではありません。ぬいぐるみを背の順に並べかえるA児のように、むしろ決まりを自分から設けて率先してそれを守ります。こうした行動の背景には、自分自身が背の順に並んだり、本棚の本が同じサイズで収納されていたり、備品の高さが揃えられているといった日常の環境があります。整頓された環境が学びをうながしているのです。整頓された環境は便利なだけでなく、何らかの法則性で管理されています。子どもはそうした環境の中で生活すると、法則性に気づくとともに、心地よさを感じて自分から守るようになります。

●自然現象の中の法則性

ハンガーのバランスには重力とか重心といった難しい論理が働いていますが、そうしたことはずっと先の学習に委ねます。事例では傾いて洗濯物が汚れる前に保育者が声をかけていますが、こういうときの対応は悩むところです。汚れてしまってから気づかせるか、バランスのよい干し方を最初から教えるか、迷います。まさに「状況によって変える」としか言いようがありません。

子どもが「疑問」に出会うと、より考えるように、保育者も子どもの実態を前にして悩むところから保育の探究が始まるのです。

子どもの姿 2

重いはずなのに、なぜ？

さつまいも掘りに行きました。掘ったいもとつるをそれぞれ別の段ボール箱に入れて運びます。箱いっぱいのいもは子ども2人で運ぶには重すぎるので、休み休み運びます。つるの入った段ボールを運ぶ子が追い越して行きました。

「すごい。速い」。感嘆の声を上げた二人は「よし、頑張るぞ」といもの箱を持ち上げたものの、「重すぎる」と下ろしてしまいます。「Mちゃん、力持ちだね」とつるの箱を運ぶM児に感心しています。

Point

同じ形と大きさの箱であれば同じ重さと考えているからでしょう。速く運んでいる姿を驚くところで終わってしまっています。表面的な理解をもう一歩深めるには、子ども自身が疑問や仮説をもつような保育者の援助が必要になります。

●保育者の共感は力を与える

自分たちが重くて大変という実感をもっているときに、他の子が軽々と運ぶ姿を見て「すごい。速い」とその差に気づいているのですから、保育者もまずは二人の頑張りをほめながら、この驚きを一緒に分かち合うといいでしょう。

保育者が子どもの気持ちや考えに共感を示すと、子どもは自分のものの見方に価値があると感じます。実際に問題に立ち向かうのは子ども自身ですが、保育者のかかわりから、そうする価値があることを子どもに伝えるのです。

●理由や根拠を考える

重いものを楽々と持ち上げる人を「力持ち」という解釈は正しい考え方です。「異常な状態」に目を向けて、原因や理由を探究する姿勢は大切です。自分たちが苦労している実感がエネルギー量への気づきになっています。それだけに体験的な判断に留まっています。

●保育者は異なる視点を提示する

「あれは、いもではなくつるだから軽いの」といった回答は不要です。子どもの問題解決能力を奪ってしまいます。さりげなく、「空っぽの箱が残っていたのかしら？」など箱の中身に注目するような発言をします。それを刺激にして箱の中身を調べるかどうかは、子どもに委ねます。学習には体験の積み重ねが大事だからです。

測る② 仲立ちを使って測る

子どもの実際の生活には精巧な測定する機器がたくさんあります。将来そうしたものを使いこなすためにも、「測る」必要や方法を体験的に知っておくことが大切です。

子どもの姿❶ 歩幅で測る

ドッジボールのコートを描きます。まずラインカーでセンターラインを引くと、サイドラインに立った子の「ここらへんまで」の声に合わせて長方形を描きます。A児はサイドラインから「1・2…」と大股でセンターラインまで歩くと「8だ」と叫び、今度はそこから「1・2…8」と数え、「ここまで線引いて」とラインカーの子に合図をします。

Point

歩幅を単位にして長さを測っています。大股で歩くのは誤差を少なくする工夫の1つです。そのことを分かっているかどうかは疑問ですが、過去にどこかで見たことがあるのでしょう。模倣を通して計測の原理を体験的に学んでいます。

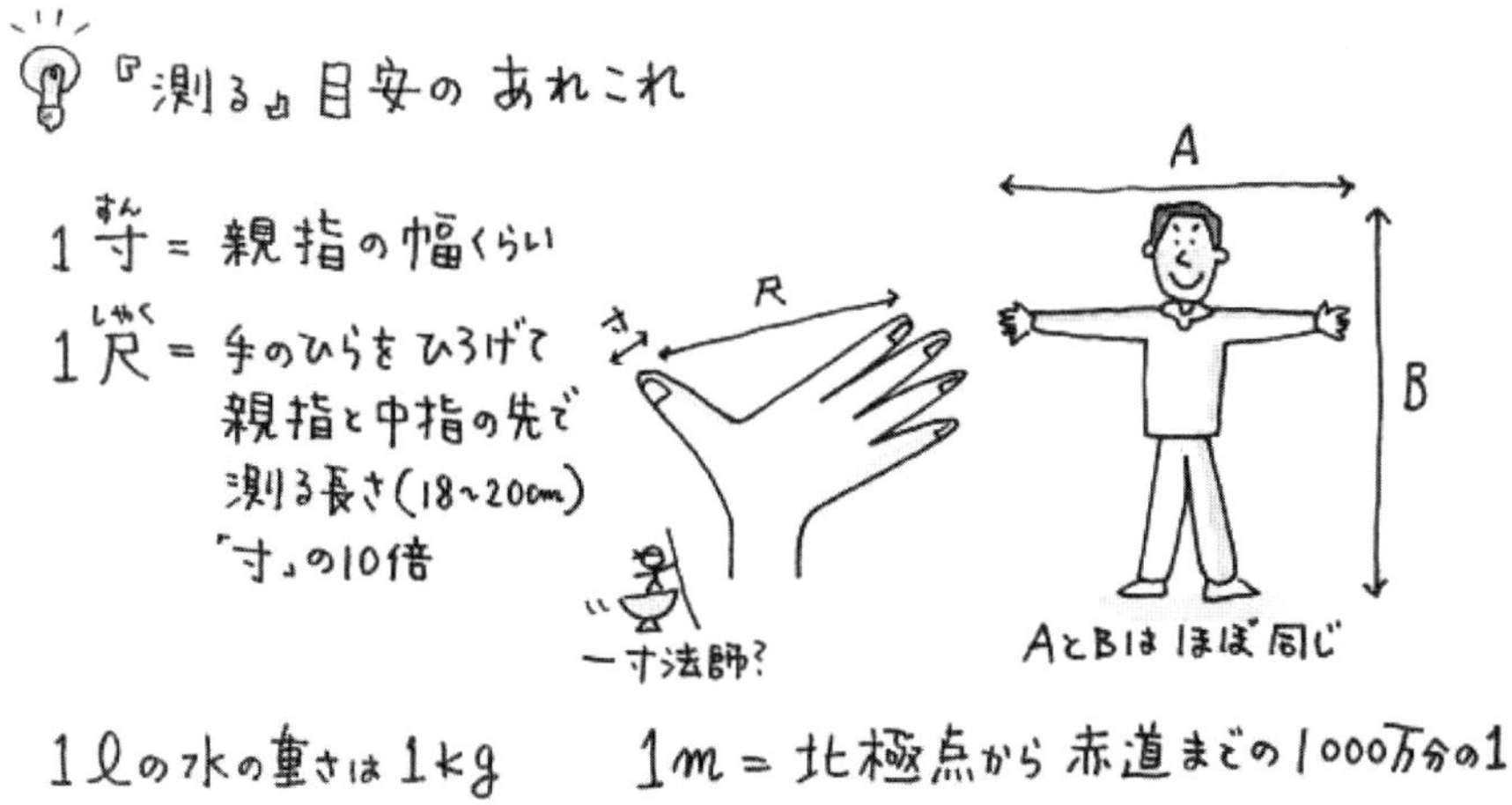
『測る』目安のあれこれ
1寸《すん》＝親指の幅くらい
1尺《しゃく》＝手のひらをひろげて
親指と中指の先で
測る長さ（18〜20cm）
「寸」の10倍
一寸法師？
A
B
AとBはほぼ同じ
1ℓの水の重さは1kg
1m＝北極点から赤道までの1000万分の1

●からだを基準にする知恵

1メートルは理論から導かれた長さですが、それ以前の寸や尺、ヤードやフィートなどは、からだの部位の長さを目安に決められたものです。日本地図を完成させた伊能忠敬も、歩幅による計測を一部採用していたそうです。子どもの行動をあながちまずいとはいえないでしょう。計測の前段階としてたくさん経験することが大切です。

●単位で測る

1個、2個と切り離すことができない連続量を測るには、基準となる単位が必要です。「砂糖1袋」や「牛乳1パック」と言えば、今でこそ「あの量」と想像ができますが、頻繁に接しているからこそできることです。長さはさらに難しい単位です。「これくらい」「すごい遠い」「近く」などのことばが示す長さは、その人の感覚で違います。「両手を広げた長さ＝尋（ひろ）」などというかつての計測もからだを基準にする知恵の1つといえるでしょう。

保育のヒント

子どもに「前の人とぶつからないように間を空けて」と指示してもなかなか間隔が空けられません。1列に並んでから「1人置き」と1人ずつ抜き出し、できあがった間隔を見せながら「前の人と後ろの間に透明人間が1人いるくらい間を空ける」と指示するといいでしょう。慣れると「透明人間2人分」もできるようになります。

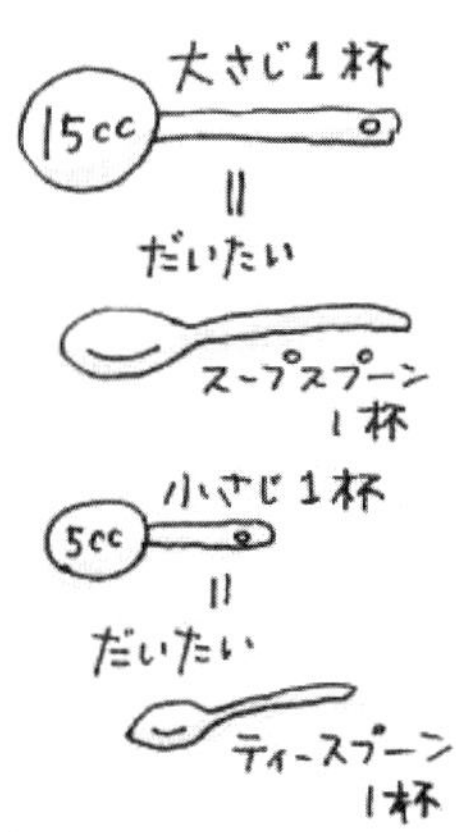
大さじ1杯
15cc
＝
だいたい
スープスプーン
1杯
小さじ1杯
5cc
＝
だいたい
ティースプーン
1杯

子どもの姿 2

どっちが大きいか？

大きい恐竜をつくろうと2つのグループが競り合っています。両方のグループは、互いに様子を見に行っては、相手に負けない大きさにしようと頑張ります。A児は、相手グループの恐竜の頭の高さが自分の首のあたりにあることを測ると、首に手を当てたまま自分のグループに戻ってきて、その手をまっすぐ伸ばします。手が恐竜の顔にぶつかります。「やったあ、おれたちのほうがでかい」と叫びます。

Point

見た目では同じ大きさに見えるものを、自分のからだを物差し代わりにしてより正確に測ろうとしています。ここでは○メートル○センチメートルという数値ではありませんが、「首までの高さ」を基準にして大小を比較しているので、数値で測るのと原理は同じです。

●持ち運び自由なかず

2つのものの大きさを比べるときに、2つが隣り合っている場合は、目で見て簡単に分かります。けれども、遠くにあって目では比べられないときには、仲立ちになるものが必要です。それが「かず」です。

XとYが離れたところにあって直接見ることができなくても、Xのかずを数えて覚えておき、次にYのかずを数えてXと比べてみれば、どちらが大きいか分かります。

●分離量は伝えやすい

1つずつがバラバラになっているもののならば、数詞を知らなくても伝えられます。「両手の指」とか、「片手に親指と人差し指を加える」などです。人間の手や指の数は人種を問わず同じなので、遠く離れていてもこの方法で正確に伝えることができます。ところが長さのような切れ目のないものは、お互いに共通するものがないと伝えられません。現代ならば「新聞紙の対角線（ほぼ1メートル）」というように全国同じサイズのものを仲立ちにする必要があります。

●物差し代わりの棒やひも

自分よりも背丈の高いものや地面に横になっているものは、A児のような方法では測れません。長い棒やひもが使われるようになるでしょう。さらに、測るものがとても大きかったりするとまた難題です。A児がものさしや巻尺を使って、「かずの便利さ」が分かるようになるのは、もうしばらく後になるでしょう。

測る③ 見えない時間を測る

現代の生活では、あちこちで時計を目にしたり、「○時になったら」のことばもたくさん聞いています。だからといって時間の理解ができているわけではありません。まずは、感覚から時間をとらえます。

子どもの姿❶

過去—現在—未来

A児とB児が一輪車の使用をめぐって、もめています。

A：「〝後で〟貸してくれるって言ったじゃない」
B：「〝後で〟って〝今〟じゃないってことだよ」
A：「そんなのずるい。さっき〝後で〟って言ったのに」
B：「だから、もうちょっとしたら貸してあげるから」
A：「もうちょっとじゃずるいよ。もう、ずうっと待ってるんだから」

それを聞いていたC児が口を挟みます。

C：「じゃあ、もう〝後で〟になったんじゃない？」

Point

時間は理解の難しいものの1つです。子どもは、「後で・さっき・ちょっと・ずうっと」など時間に関することばをたくさん使っていますが、具体的な長さの把握はできていません。しかし、そのことばが、過去のことを指すのか未来のことを指すのか、その違いは分かっています。

●時間の流れ

子どもにとって大事なのは時刻よりも時間です。時間は見ることもできなければ、直接測ることもできません。そこで子どもが時間の流れを知る手がかりを与える必要があります。「○時になったら散歩に行きます」と時刻を知らせるような場面は、子どもに「今」ではなく「待つ」ことを教えているか、もしくは「急ぐ必要」を知らせていると考えたほうがいいでしょう。

●作業に伴う時間

登園や昼食や集合など園のスケジュールをだいたい同じような展開にしておくことは、時間の流れを理解するうえで有効です。子どもなりに見通しをもつことができるようになります。「片づけが終わったらおやつにしよう」とか、「おやつを早く食べたいから、急いで片づけよう」など、ものごとのつながりを理解するような言葉がけが大切です。

●立場によって感じ方が違う

A児のように待っている立場と、B児のように「後で」と先延ばししている立場では、時間の感覚が違います。保育の場のように複数の子どもが生活する場では、それぞれが異なる時間感覚をもっていることを承知しておく必要があるでしょう。

子どもの姿 2

太陽の動きで時間を感じる

冬晴れの日、2人の子が布団に腹ばいになり、下半身に日が当たるようにして本を読んでいます。日が傾くと「ああ寒い。引っ越しだ」と布団の位置をずらしていきます。繰り返していくうちに壁際まで来てしまいました。「さっきはここら辺だったのに、どんどんこっちに来ちゃったね」と移動した場所を指します。

Point

太陽の光が日時計のような役割をしたことで、時間の流れを目で見ることが可能になりました。加えて、日差しをただ観察したのではなく、変化に応じて布団を移動させることで、より変化を意識したり、本を読むことに費やした時間が理解できたといえるでしょう。

●感じる時間

布団の移動や本を読んだのは、子どもが真剣に取り組んだ行動です。時間の感覚は、時間の中で消費されたエネルギー量と密接に関係します。いっぱい遊んで「楽しかった」とか、遠くまで歩いて「疲れた」といったとき、そこに流れる時間をとらえることができます。

●短い長さ

「楽しかった」や「疲れた」の実感は、それが終わった直後に感じるのであって、時間が経ってからでは薄れてしまいます。子どもが時間を感じるのは、こうした短い単位に対してのことです。1日とか1週間といった長い時間に対しては、実感が伴いません。もっと長い1か月や1年などはさらに難しくなります。

●特別な日

小さいときの写真を見ると、大きくなるまでの時間経過を感じられます。誕生日までの日数を数えたり、お祭りのある月までカレンダーをめくったりすると、その日がくるまでには時間が必要なことがわかります。過去の特別な日を思い出したり、未来を期待する気持ちは、時間の流れを感じ取る契機になります。

保育では季節の変化を取り上げることが多くありますが、子どもには難しすぎます。その季節ならではの遊びをたくさんすることです。印象に残る体験は後で時間経過を知るきっかけになるからです。

環境の構成

時間に気づく環境をつくる

見えない時間を「見える」ようにすることで、理解の難しい時間を知るきっかけを与えます。安価な手作りの時計であれば、子どもがあそびで自由に使うこともできます。

デジタルよりアナログ

保育室にはデジタル時計よりもアナログ時計のほうが適しています。すぐ脇に手動式（電池なし）の時計を設置しておくと、「針がここまで」を示すのに便利です。時刻と時間の関係が感じ取れます。

時間の流れを知るには砂時計

市販の砂時計は性能もよく、長短様々な時間のものがあります。あそびの中で使うなら保育者が砂時計をつくるとよいでしょう。サッカーのコートチェンジ、遊具や道具の「交替」など、使いたい人が必要な場所に運んで自由に使えるようにしましょう。

砂時計の作り方

1. 透明のビンやペットボトルを２つ用意する。

2. 中に大豆や米などを入れる。ばらばらと「時を告げているような音」が楽しい。

3. ２つの口を重ねてテープで留める。

4. 上下をひっくり返して使う。「全部落ちるまでに」を目標にすると、分かりやすい。

第2章 生活の中の数学的体験

子どもは日々の生活の中から、数学的なものの考え方を見つけ出すと、それを周囲の人に伝えます。「見て見て」と誘ったり、「どうして」と答えを求めたりして、その論理を確かなものにします。しかし、そうした子どもの働きかけに反応しなかったり、わずらわしいと遠ざけたりすると、子どもはそうした行為は価値のないことと感じて、次第に表現しなくなります。

子どもの遊ぶがままに任せるのではなく、さりげなく刺激や課題を提示したり、数学的なものの考え方をうながす経験を意図的に組み込んだりする工夫が必要です。

子どもにどのような生活をさせれば、自主的、自発的に数学的なものの考え方を育てることができるのでしょうか。どのような活動を発展させれば、かずや量に関する興味を引き出すことができるでしょうか。本章ではそうした生活の中で育む数学的なものの考え方を取り上げます。

かたち① まる　しかく　さんかく

子どもが最初に目にしたり、いじったりするのは3次元の世界です。やがて、絵本を見たり、絵を描いたりするうちに平面（2次元）に興味がひろがり、かたちを見つけ出すようになります。

子どもの姿 1

三角なのに、入らない

C児が型はめで遊んでいます。球や立方体や三日月型などは迷わずに入れられたのに、三角柱はなかなか入りません。三角の穴に入れようとしますが、四角い側面のほうから入れようとするので、入らないのです。四角の穴や丸の穴にも押し当ててみますが、入らないので止めてしまいます。

型はめが気に入ったたけちゃん
どれどれ
丸いのはこっち
はいった!
あとはこれだけ!!
あれ?
入らない…
入らない!!
がんばれ
がんばれ
やめたっと
おしい…
もう少しだったのに
残念…

Point

穴の形の三角形と、ブロックの三角の面を一致させることができていないのです。三次元の球から円＝丸を取り出したり、立方体から正方形＝四角を取り出すのに比べて、三角柱は、△と□からできているので難しくなります。かたちの理解は、立体から平面を抜き取ったり、三次元の空間からかたちを抜き取り離して考える、高度な認識です。

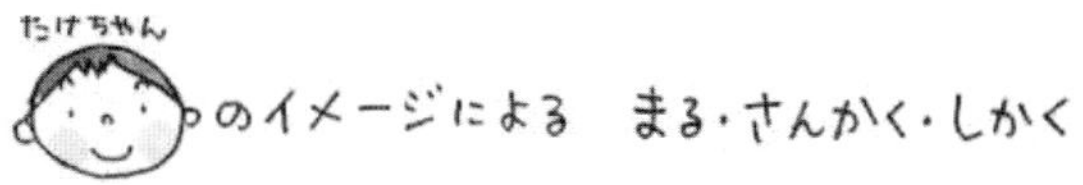
たけちゃん
のイメージによる　まる・さんかく・しかく

まる
球・円・だ円
たまご
(だ円球形)
ボール
だんごむし
たま
100
硬貨
(円形平面
平面と球体を
区別している
ひとこと

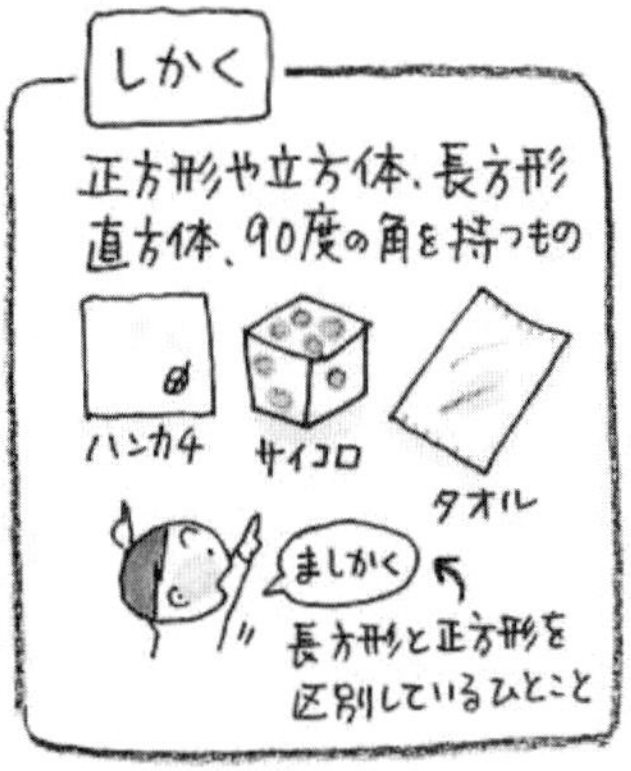
しかく
正方形や立方体、長方形
直方体、90度の角を持つもの
ハンカチ
サイコロ
タオル
ましかく
長方形と正方形を
区別しているひとこと

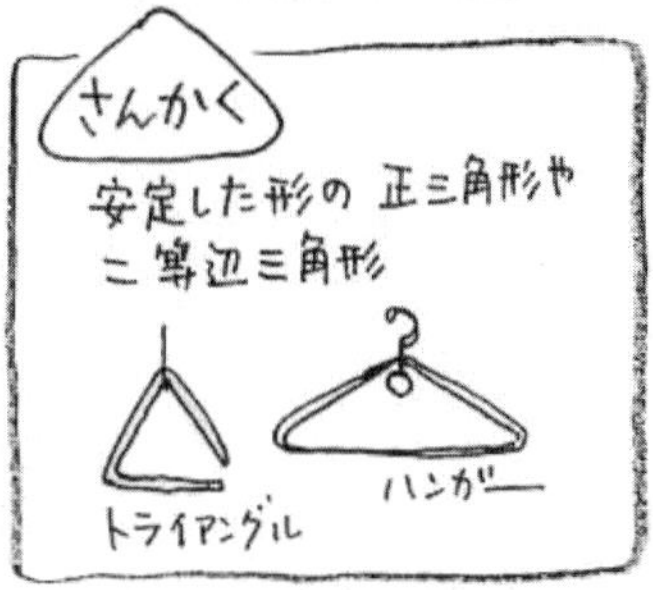
さんかく
安定した形の 正三角形や
二等辺三角形
トライアングル
ハンガー

●「まる」の認識

子どもは球も円も「まるい」「まんまる」などと表現しますから、ものの性質の中から「まる」を抽出する能力は、早くからもっていると思われます。また、ラグビーボールのようなかたちや卵のような楕円も「まる」の仲間にくくることができます。球は「ボール」や「玉」といって、円だけを「まる」と区別するようになると、立体と平面を区別していることが分かります。

●「さんかく」の認識

子どもは、全ての三角形を「さんかく」とは呼びません。正三角形だけでなく、二等辺三角形のような安定したかたちを「さんかく」と表現します。

はめ込み玩具の三角などでは、自然に底辺を下にして置きます。極端に扁平な三角形や3辺の長さが不等な三角形は、除外してしまうことがあります。

●「しかく」の認識

正方形や立方体を「しかく」と表現し、しばらくすると長方形と区別して「ましかく」ととらえるようになります。また、直角の部分を「しかく」といったりする一方で、ひし形や台形は「しかく」から除くので、「しかく」とは、90度の角をもっているものとしてとらえていることが分かります。

あそび

遊び方

かたち見つけ

バケツを上から見ると「まる」、ハンカチは「しかく」ですが、折ると「さんかく」になります。身の回りのものの中から「まる・さんかく・しかく」のかたちを見つけて遊びましょう。

1. 保育室の中や園舎の中、園庭で、三角・円・四角を見つけます。誰かが「あった」と見つけたら、みんなで注目して「ほんとだ」と確認しましょう。

2. 慣れてきたら、散歩や通園路など身近な戸外の環境にも対象を広げましょう。

身近なものから見つかるかたちの例

回転するものは『まるい！』

四角い紙を
半分におる
また半分に
何回折っても
ぜんぶしかくだ！

まる 茶碗、なべ、皿、バケツ、たらい、筒、ボタン、ビー玉、信号、マンホール、タイヤ、交通標識、植木鉢、ローラー

＊風車や水車など、回転するものは「まるくなる」ことも確かめてみましょう。最初のかたちが違ってもみんな「せんぷうき」のように丸くなってしまう不思議を発見します。

しかく ハンカチ、画用紙、ノート、本、机、マット、ふとん、テレビ画面、窓、敷石、ブロック、垣根、看板

＊「しかく」の紙を「はんぶん」に折ります。同じ半分でも友だちとかたちが違う「しかく」です（面積は同じです）。何度も折って、どんどん変化する「しかく」を楽しみましょう。

さんかくがいっぱい!!

さんかく
サンドイッチ、万華鏡、テント、脚立、すべり台、階段（はしご）、屋根、壁

＊長方形の紙の１辺にあわせて「さんかく」を作ります。辺に沿って何度も折って、「折れない」ようになったら、紙を元通りに広げます。たくさんの三角が見つかることでしょう。

Point

●どこがそのかたちなのか、手で確認する

かたちは、空間の中で占める三次元の立体の一部に注目したときにとらえることができます。一部に注目するということは、注目しないところもあるということです。どの部分が「まる・さんかく・しかく」になっているのか、触れられるものは直接触って確認します。触れることができないものは、指でかたちをなぞります。

●どの部分を見ているのかはっきりしない場合は？

子どもによってはどの部分を見ているのか分からない場合があるので、保育者は子どもの目線でできるだけ早く子どもの指し示すかたちを見つけてやります。平面的に見えるものはすぐに分かりますが、建物の一部や空中にあるものは分かりにくいので、子どもが見つけたかたちは「どこにあるか指で教えて」となぞらせるとよいでしょう。

子どもの姿❷
積み木をしまう

積み木には様々なかたちがあって、最後まできっちりと収納するには難しさがあります。D児はもう少しで終わるというときになって、ガラガラと崩してしまいます。

「最初にサイコロとサンカクを入れないとダメなんだよ。キャラメルは(最後まで)とっとくんだよ」と、積む順番を決めて最初からやりなおします。

またまた職人登場
おかしいなあ
あと少しなのに…
どうして?
ちょっとまって!
ぼくにやらせて
これじゃ入らないから
さいしょからやるね
あ〜…
はじめにサイコロとサンカクを入れないとだめなんだよ
てきぱき
へえ〜っ
キャラメルはさいごなんだよ
もうすぐできるね!
ほら完成!!
わー
すごい!!

Point

くり返し遊ぶ中から、収納のコツをつかんでいます。立方体や三角柱のような容量の大きい積み木に比べて、小さいサイズの「キャラメル」は融通が利くことを知っています。こうしたあそびを通して得た知識は、生活の中で実力を発揮します。

サイコロ 1
サンカク 1
はし 1

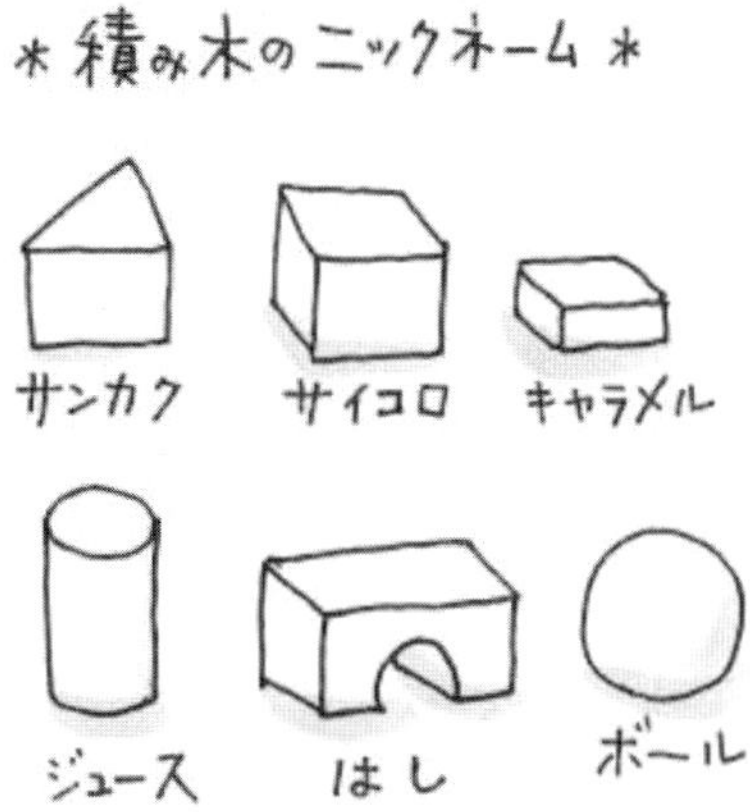
＊積み木のニックネーム＊
サンカク
サイコロ
キャラメル
ジュース
はし
ボール

●かたちの名称

子どもは積み木のかたちの特徴に応じて、自分たちなりの名称をつけています。立方体はサイコロです。それを対角線で半分にしたものがサンカク、高さを半分にしたものがキャラメルです。あそびを通して個々の積み木に精通していることが分かります。名称は踏襲されていくうちに、どうしてそう名づけられたのか意味が分からなくなってしまう場合も出てきます。かたちに注目させて、新しい名前を考えることも必要です。

●ゴールが明瞭だとやる気が起きる

収納が完成間近になって難題に出会うと、挫折してしまうことが多いのですが、この事例ではめげずに初めからやり直しています。最終的には収納できるという確信をもっているからです。

様々なかたちの積み木をきっちり収納することは難しいだけに、やりがいがある課題なのです。遊ぶときと同じように、片づけるときも構成する楽しさがあります。入園当初から徐々に難しい片づけ方にしていくと、より積み木が楽しめます。

column

達成水準

子どもは水たまりを跳び越えたり、ボールを的に当てようとねらうときは、立ち位置を真剣に選びます。簡単すぎず、難しすぎずギリギリの位置を探っている姿です。こうした運動能力と同じように、ほんものの知性もできるかできないか、ぎりぎりの課題に挑戦するときに養われます。

PART 2-2

かたち② かたちの再現

かたちの理解には、同じかたち、似たかたち、かたちの組み合わせなど、たくさんの経験が必要です。特に「面積」の不変性や測定などの理解は難しいので、間違いや錯覚を重ねることが重要です。

子どもの姿❶

変化するかたち

園庭でままごとをしようとござを運び、それぞれが運んだござを広げると……？

「わあ、こんなになっちゃった」「広すぎる」と敷かれたござを見て一様に驚きます。「私の返してくる」とA児がござを丸めると、B児も「私も」と元の場所に戻しに行きます。

Point

ござが丸めてある段階では、広げたときの大きさが想像できなかったのでしょう。こうして、同じござを実際に広げたり丸めたりすることは、かたちが変わっても面積の総和は変わらないことを感覚的に理解する機会となります。

●ふろしきはすぐれもの

ふろしきは、どんなかたちのものも包むことができます。四角いものも長いものも丸いものも包むことができます。外から見ると、まったく違うかたちに変化しますが、元に戻すとやっぱり同じかたちです。大人にとっては当たり前のことですが、子どもにはすぐには分かりません。かずの不変性の中には、面積や重さや容量の不変性も含まれます。ござやふろしきを扱う中で、かたちの不変性を学びます。

●見かけの大きさと量の不変性

かずの不変性とは、3個の積み木は並べ替えてもごちゃまぜにしても、変わらず3個と分かることです。体重計に立って乗っても、からだを小さくして乗っても重さは同じ。これは重さの不変性ですが、子どもは外から見えるからだの大きさによって重さも変わると考えてしまいます。量の不変性の理解とは、布団は敷いたときもたたんだときも面積は同じ、ホースは丸めても伸ばしても長さは変わらないと、外見ではなく、抽象的な量について理解できることです。

●かたちが元に戻らないものもある

ゴムの輪や風船はかたちが変化しますが、元に戻るでしょうか。ちょっと伸びてしまってかたちがゆがむ場合もあります。泥団子やトマトはつぶすと元には戻りません。溶いたタコ焼きの粉はタコ焼き器の窪みに流し込んで焼くと、丸いかたちに変わります。クッキーの生地は型の中で様々なかたちに変化します。

かたちを変えても元に戻るものもあれば、かたちも重さも変わってしまうものもあります。不変性の理解は簡単ではないのです。

子どもの姿 2 変形しているけれど、同じ（トポロジー）

1. A児は粘土で「ドーナッツ」をつくっています。穴に指を入れて「どんどん大きくなります」と引っ張り、その上に板を置き、体重をかけました。「はい。ドーナッツが浮き輪になりました」

2. 窓に貼ったクリスマス飾りに光が当たり、床に映し出されます。部屋に入って来たB児は、まず床に映った虹色に「きれい」と気づくと、窓を見上げて飾りを見て「あれか」と納得します。

3. C児は積み木で駅舎をつくっていますが、駅から放射状に広がる歩道橋をどうするか相談しています。「ぺたんこにしたら変だよ」と床に置いたものを持ち上げます。「駅(改札)出て、高いところに橋があるから」と、床より高い空中に歩道橋をかけます。

Point

●子どもがわかる「トポロジー」

トポロジーとは現在活発に研究されている幾何学のテーマで、幾何学的な図形の中から、そのかたちの特徴となる重要な性質に注目して、元のかたちと変化したかたちの関連を考えるものです。

3つの子どもの様子は、みな【トポロジー】の理解の姿です。①ではドーナッツと浮き輪は真ん中が空洞の円の形であるということです。②では床に斜めに伸びたかたちと元のかたちの関係の理解です。③では、歩道橋は中空にあるという特質をとらえて再現しています。

●ゆがめても変わらない重要な性質

風船に描いてある絵は、縦に引っ張って多少ゆがんだとしても、絵そのものは変わりません。円を描くとき、多少ゆがんでいても最後を閉じれば円と分かります。けれど最後の線が開いたままでは円には見えません。ドーナッツと浮き輪は、そうした本質が共通なので、どちらも「わっか」や「まる」として抽象化できます。幼児期は、こうしたかたちの理解に最も重要なトポロジーに気づきはじめる時期です。

●かたちの本質をまねる

子どもの遊びは「ごっこ」や「まねっこ」で本物とは違います。しかし、まねる視点は本質的であることが大事です。数学的体験も同じです。保育者は子どもが何をとらえて模倣しているのかを見極める必要があります。かたちの理解ではトポロジーの理解が重要です。

床に板を並べて歩道橋をつくる段階に比べ、歩道橋は中空にあるという幾何学的な本質をとらえる能力には、相当な発達の開きがあります。成長の姿を賞賛し、さらに発達するよう励ましていきましょう。

あそび

型押し（スタンプ）で遊ぼう

スタンプは、立体の中から一面を取り出して「型」を押しますから、「かたち」をはっきり見ることができます。いろいろなものをスタンプにしているうちに、思わぬかたちの発見につながります。

遊び方　円、三角、四角になりそうなものを中心に、面白いかたちになりそうなものを幅広く集め、スタンプ台でインクをつけ、どんどん紙に押していきましょう。

びんの口や底、ふた
ゼリーなどの容器
ラップや
トイレットペーパーの芯
小さな箱
ブロックや積み木
ダンボールの断面
野菜の切り口

事前の準備

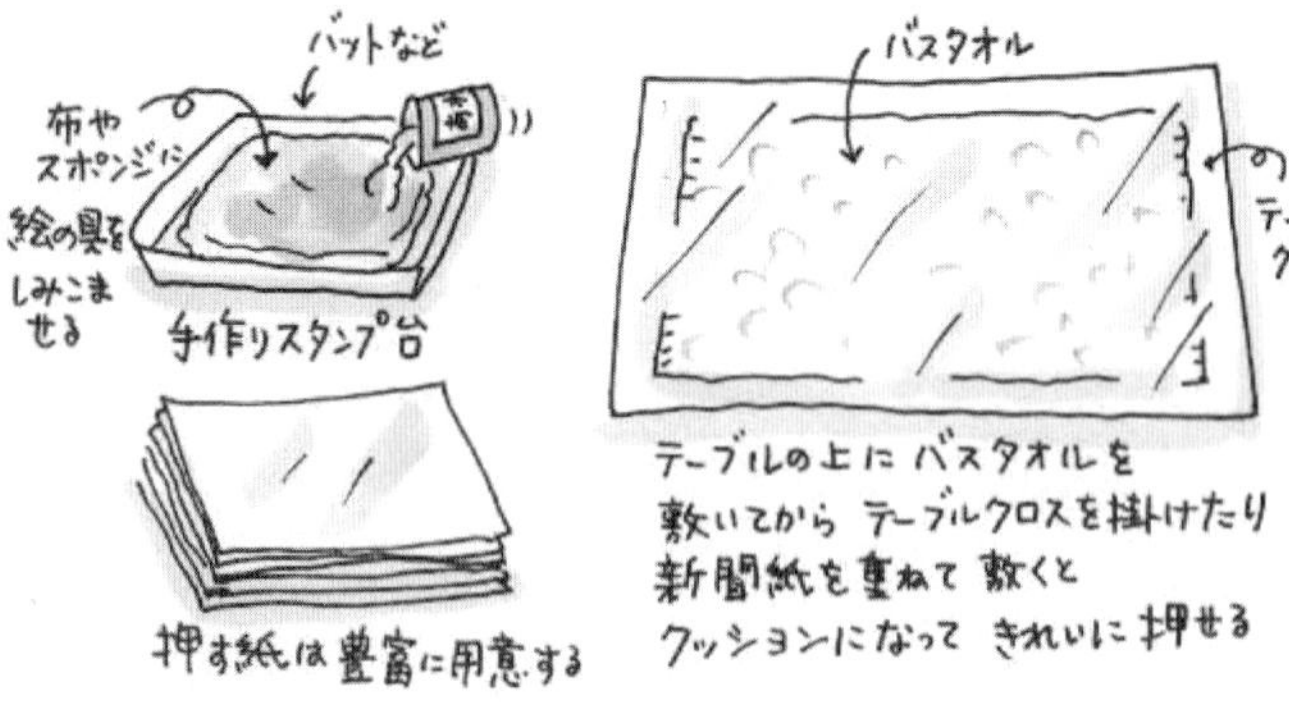

バットなど
布やスポンジに絵の具をしみこませる
手作りスタンプ台
押す紙は豊富に用意する
バスタオル
テーブルクロス
テーブルの上にバスタオルを
敷いてからテーブルクロスを掛けたり
新聞紙を重ねて敷くと
クッションになってきれいに押せる

1. スタンプ台は大きなものを用意します。市販のものがないときは、バットなどに布を敷いて絵の具をしみこませるとよいでしょう。
2. 硬いテーブルに直接紙を載せるときれいに押せません。新聞紙を重ねて敷いたり、バスタオルを敷いた上にテーブルクロスを掛けると、クッション性がよくなり、きれいに押すことができます。
3. いろいろ試す中に発見があるので、紙は豊富に用意します。画用紙を半分にしたもの、障子紙や習字用の紙など、安価で大量に用意できるものにするとよいでしょう。

保育者の援助

様々な「かたち集め」として楽しく活動できるよう、次のことに留意しましょう。

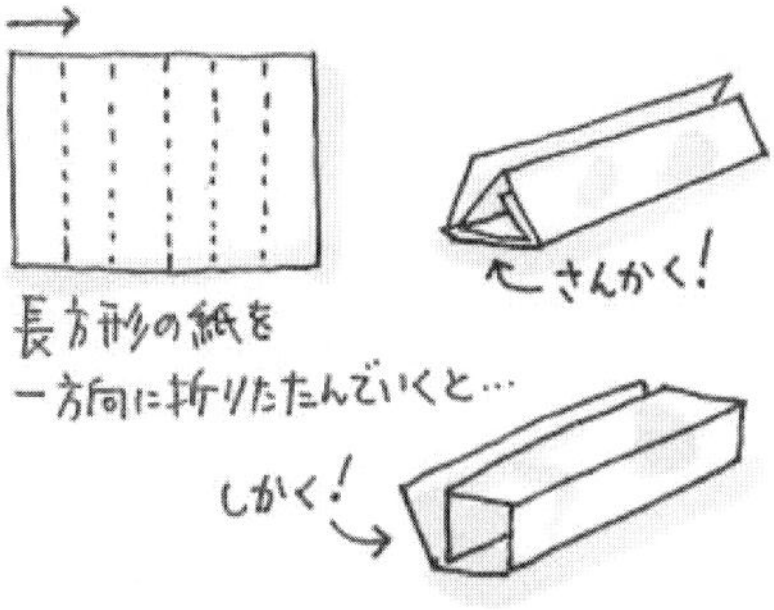

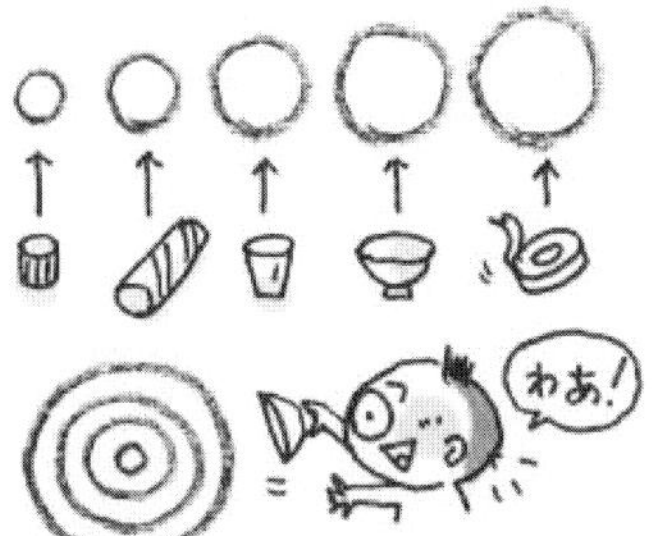

1. 大小の変化が生まれるように

- 「まる」でも、ボトルのふた、ラップの芯、コップ、茶碗、セロハンテープの芯など、多様に用意します。
- 小さい順に並べたり、「同心円」をつくったりするなど、「自分なりのルール」を設けて工夫する姿に関心を寄せます。

2. 三角をつくる

- 折り紙のような正方形のほかに、画用紙や広告紙や新聞紙など長方形の紙も、折り畳んでいくとたくさんの三角形をつくることができます。
- 端から折ると「三角柱」になります。
- 三角を組み合わせると四角になったり、多角形になることの気づきをうながします。

3. どの面を使うか考える

- 組立ブロックには、面白いかたちがあります。できるだけ多様なかたちがあるものを選びます。
- できあがったスタンプを見て、どのブロックのどの面を使ったのか探させます。実際に押して確かめ、「正解」したらほめてあげましょう。

4. かたちを選んで、絵を描く

- 「小さいまるはないかな？」など目的別にかたちを選び絵を描きます。
- 求めているかたちが明確な場合は、実現できるように保育者も一緒に材料を探してやり、達成感がもてるように援助します。

かたち③ 隠れているかたち

かたちは抽象的な観念ですから、実際に「これです」と示すことはできません。ですから空間の中から線やかたちを見つけだすことは、「頭の中で考えをイメージする」大切な知的経験になります。

子どもの姿❶

鳥の目線で見るかたち

公園の中央の高台に登ると遠くまで見渡せます。

A児「あそこの道を通って来たんだ。花壇があった道」

B児「お茶飲んだベンチがまるくなってる」

A児「道がまっすぐだね。木もまっすぐになってる」

Point

高い位置から鳥のように見下ろすと、広い範囲を見ることができ、隠れていたかたちを次々と見つけ出すことができます。歩いて来た道や利用したベンチを俯瞰することは、空間における自分の位置や、物と物との関係性を学ぶ貴重な体験になります。保育者は、子どもが見出した「まっすぐ」や「並んでる」に共感の気持ちを表しましょう。

●高い位置と視野の広がり

園庭の滑り台やジャングルジムのてっぺん程度の高さでも、地面に立っているときに比べ視野がぐんと広がります。子どもが高いところに登って周囲を見渡す機会を意図的につくることも大切です。歩道橋の上やビルの屋上など、高いところから景色を見ることを目的にした散歩や園外保育を組み入れるとよいでしょう。

●自然現象の中にある形

海岸線や地平線が見える場所は限られます。虹や雲間から射す日の光などは、見るチャンスがあるとは限りません。けれども自然の中にこそ、かたちの法則性があることを実感させたいものです。例えば雨の日には、激しい雨脚や樋《とい》から落ちる雨だれをながめる。また雨上がりには葉の上の水滴を転がしたり、水たまりに小石を投げ入れて波紋をつくってみる…。自然のかたちには規則性からなる美しさがあります。

●街の中の幾何学模様

現代の子どもをとりまく環境は人工的なものに満ちていますが、構造物の中にもかたちの法則性を見出すことができます。車線境界線や車列、街路樹や電柱の並び方などには平行線が感じ取れます。敷石やガードレール、壁や塀に施された文様には、一定のパターンがくり返されていたり、モザイクの配置にもルールが見出されます。このような目で見れば、街中の散歩も隠れているかたちを見つけ出す好機になります。

子どもの姿 2

ハート形をうまく切るには?

A児は折り紙にハートを描いて切り抜いています。満足したかたちができず、切り抜いた折り紙がたまっていきます。B児はそれを見て、「あっ、こんなに使ったらダメだよ。半分にしてやったほうがいいのに。貸してみて」と折り紙を半分に折ると、さっとはさみで切り、広げて見せます。

「ね。半分こにしたら、すぐできるでしょ。とんがっちゃうときもあるけどね」とやや細長のハートを見せます。

Point

A児が左右対称のハートをなかなかつくれないでいるところに、B児がやってきて手際よくハートをつくりました。複数の子が集まっている保育ならではの、学習の姿です。しかし、B児は対称形の原理を理解して友だちに教えることはできても、展開図を想像するのは難しいようです。理想とするハート形をつくれるのは、まだ先のことでしょう。

対称形を認識するあそび

ふだんから親しんでいるあそびの中にも、対称に気づくための要素がたくさんあります。

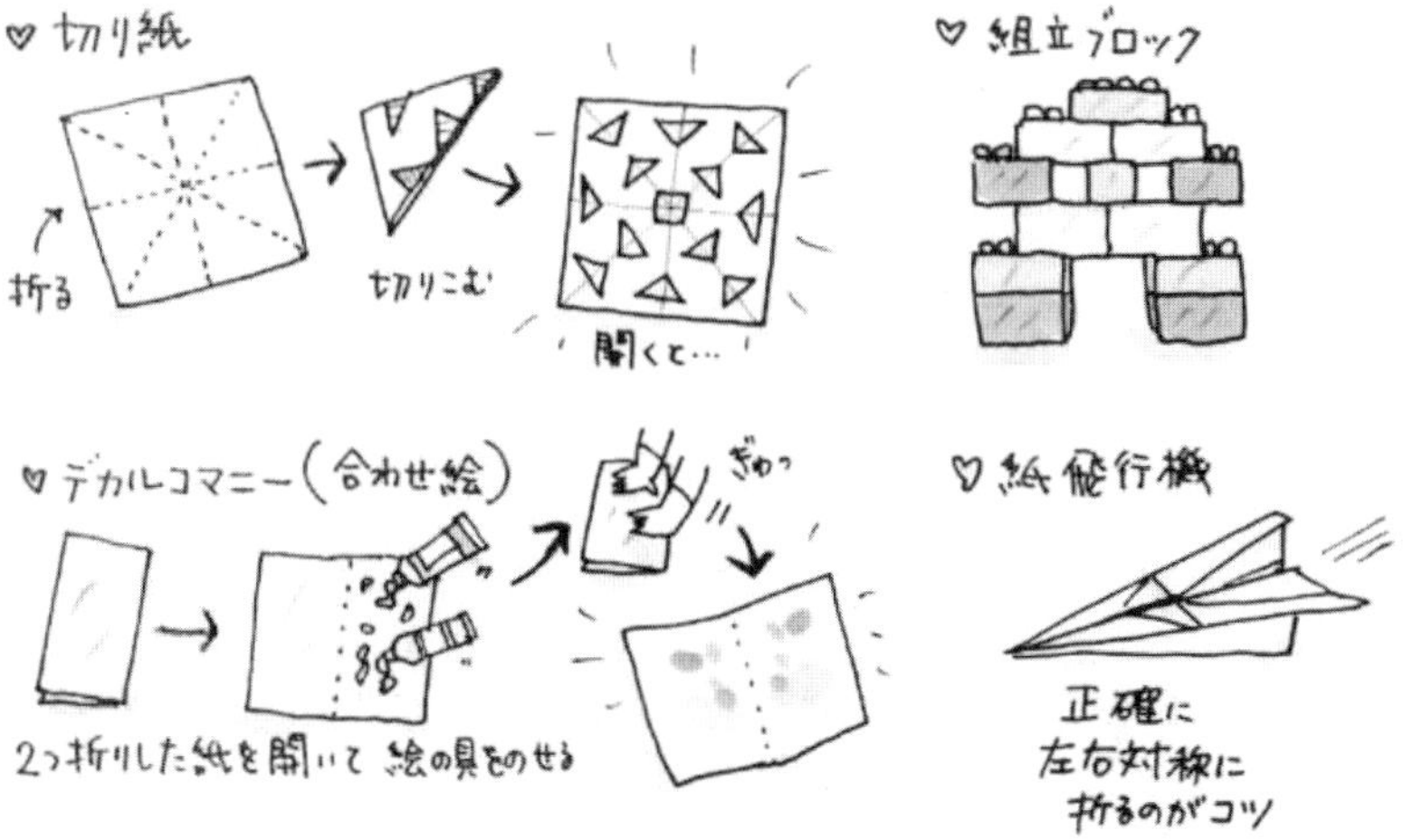
♡切り紙
折る
切りこむ
開いて…
♡組立ブロック
♡デカルコマニー（合わせ絵）
ぎゅっ
2つ折りした紙を開いて 絵の具をのせる
♡紙飛行機
正確に
左右対称に
折るのがコツ

1. 切り紙
折る回数と切り込みの回数を増やすと、より複雑な形になる。

2. デカルコマニー（合わせ絵）
開く瞬間の驚きと、できたかたちから広がる想像を楽しむ。

3. 組立ブロック
はじめはかたちの対称形をつくり、次には色も対称にする。

4. 紙飛行機
よく飛ぶ飛行機に重要な条件は、左右対称のバランス。

5. 間違い探し（P36参照）
同じ絵を反転させて、左右対称にしたうえで間違いをつくります。
平行移動（コピー）より対称形の間違い探しは難度が上。

●中心軸を見て対称形に気づく

ハートのかたちを全体のかたちで認識する能力と、真ん中の線を中心にして左右に同じかたちがあると認識する能力には大きな差があります。中心軸の存在に気づくことが重要です。保育者が星や花のかたち、雪だるまやジンジャー人形など対称形をつくるときに、紙を半分に折ってつくるモデルを示しましょう。完成品を見ると、折り目が残っているので対称形を感じやすくなります。

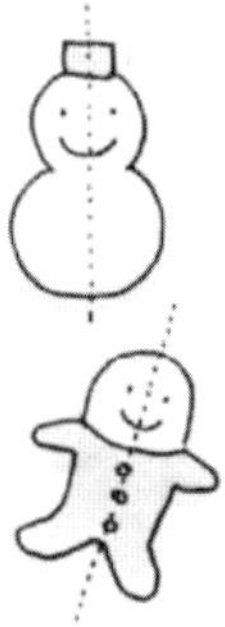

あそび 草花や木で見つける「かたち」

園庭や公園の花や葉や枝など、自然に触れ合う中から直線、曲線、平行線、同心円、対称形、等間隔、交互、比例など、かたちに隠れている決まりを見つけます。

遊び方

ナノハナやオオイヌノフグリは４まいの花びらが対称につくので「十字架みたい」、５まいの花びらのカタバミなら「星形」、カラスノエンドウのつるは「くるくる巻き」など。花びらや葉っぱのかたちや並び方に注目して、いろいろな「かたち」を見つけましょう。

花の形の決まり

円形
星形
十字架形
かざぐるま形
ラッパ形
花の集まりが丸い
花の集まりが三角

葉の形の決まり

手の形
ハート形
茎をはさんで対称
輪のようについている
互い違い
筋が平行
ぎざぎざ

茎の形の決まり

さんかく
しかく
丸くない
節がある
曲がっている
くるくる巻き

留意点

子どもはかたちの名称を知らないので「まっすぐ」「あった」「ここが かたちになってる」と発見そのものを表現したり、「並んでる」「互い違い」「順番こ」「きれい」と特徴を子どもなりに表現します。自然の中のかたちは完璧なものが多いのですが、それをことばで表現するのは子どもには難し過ぎます。「見つけ出す」ことで十分です。

●花のかたちの決まり

円形または同心円：タンポポ、ヒメジヨオンなどキク科の植物
星形：ヘビイチゴやサクラなどバラ科の花・カタバミ・キキョウ
十字架形：ダイコン・ナノハナなどアブラナ科の植物・ドクダミ
かざぐるまのかたち：ハコベ・サクラソウ
ラッパのかたち：ツツジ・アサガオ・ペチュニア・カンパニュラ
花の集まりがまるい：アジサイ・シロツメクサ・ネギの仲間
花の集まりが三角：ルピナス・フジ

●葉のかたちの決まり

手のかたち：モミジなどカエデ科の植物・ヤツデ・シュロ
ハート形：ヤマノイモ・ドクダミ・カタバミ・ツタ
茎をはさんで対称につく：レンゲソウ・ナンテン・サンショウ・ヒイラギ
互い違いについている：カラスノエンドウ・ツバキ・ミカン科の植物
輪のようについている：ヤエムグラ・スギナ
筋が葉の縁と平行：クマザサ・ユリ・ハラン
バラの花みたい：冬のロゼット・タンポポ・ダイコン・アザミ

●茎のかたちの決まり

まるくない：三角→カヤツリグサ・四角→ヤエムグラ・ソラマメ
節がある：竹・スギナ・トクサ
曲がっている（らせん）：フジ・ヤマノイモ・ツタ・アケビ
くるくる巻き：キュウリ・カラスウリ・アサガオ

環境の構成

「かたち」を実演する・体感させる

「かたち」を実演する・体感させる

子どもに難しい定義を教える必要はありませんが、かたちの原則を感覚的に知らせることには意味があります。保育者の動きを見たり自分でやってみたりして、かたちの原理を体験として記憶していると、将来意味をきちんと学ぶとき、納得しやすくなります。

●まっすぐな縦の線（垂直線）

壁面に掲示物を縦に並べて貼る場面などで、タコ糸の先にクリップを重しとしてつけます。上部を画鋲で留めて糸を垂らし、その線に沿って画用紙などを貼ります。子どもが見ている前でこの垂線を意識して貼ると、子どもにも直感的に「まっすぐ」が分かります。

●まっすぐな横の線（水平線）

いろいろな水準器が市販されていますが、カーテンレールのような溝があって滑りやすい棒の上にビー玉を載せるだけでも、簡単に水平が分かります。また人間の目は横についているので、水平は目で見るだけでもだいたい分かります。大きな紙を貼るときなどに、「もっと上。もうちょっと上」などと発言させるといいでしょう。

●円（等距離）

2本の棒の端に紐を結ぶと、簡単にコンパスができます。「紐をピンと引っ張らないとダメ」ということが分かると、きれいな円を描くことができます。保育者が中心に立ち、縄跳びの縄をくるりと回すだけでも、円の目安ができます。

●四角い線（直角）

ドッジボールなどのコートをつくるときは、12メートルのロープを用意し、端から3メートル（印A）、そこから4メートル（印B）、もう一方の端（印C）、にテープやインクでしっかり印をつけます。AとBをしっかり押さえてたるみのないようにロープを引っ張ると、直角三角形ができます。それをそのまま地面に置き、ロープに沿ってラインカーで線を引くと正確な直角を描くことができ、四角いコートをつくることができます。線を伸ばすときは別のロープを沿わせてラインを引きましょう。

空間① からだで学ぶ空間

空間は自分のからだを基準にして、上下や遠近や前後などを理解します。しかし子どもは、「見えない」「届かない」の気持ちが先立って、じっくり考えることができない場合が少なくありません。

子どもの姿❶ からだで学ぶ空間

A児は飛行機を持ってすべり台に上がり、飛行機を飛ばすと同時に自分も滑り降ります。飛行機は風に乗って空中をただようこともあれば、すぐに地面に落ちてしまうこともあります。A児は飛行機を拾うと、またすぐにすべり台に向かいます。

Point

すべり台の階段を1段上がると、視野は飛躍的に広がります。反対にすべり台を一気に滑りおりると、視野は急速に狭くなります。すべり台の魅力は空間の見え方の変化にあります。それに飛行機の飛ぶ距離や滞空時間とが加わり、あそびをより魅力的にしています。

●子どもの視野

背が低い分、子どもの視野は大人に比べて狭いので、すべり台やジャングルジムやブランコのように、視野の変化を感じ取れる遊具は大切です。上・下・もっと上・いちばん上・真ん中・上と下の間・高い・低い・上まで・下へ・〜より遠い・〜の向こう・〜の近く・〜を越える…。こうしたことばとともに、空間を理解していきます。

●見え方の変化

自分自身が動いて空間を実感することとともに、すべり台の下から上を見たり、上から下を見るなど、自分は動かずに視野を通して空間を知ることも重要です。また、友だちが上ったり下りたりする様子を客観的に見ることも大切です。高いところから下にいる子の名前を呼んだり、上から物を落としたりする行動は、空間感覚をより確かなものにしようとする試みです。

●飛行機を目で追う

木の葉や花びらや雪が舞う様子は、追いかけたり捕まえたりするあそびを誘発します。こうした対象の動きは予想できない分、開放的な気分が味わえます。事例の飛行機以外にも、シャボン玉やボール投げ、凧揚げ、羽根つきなど、自分が主体となって動きを生み出すあそびは、空間を実感するのに適しています。重要な数学的体験があそびの中に隠れているのです。

子どもの姿 2

密度の理解

コマ回しをしようと連れ立ってホールに行った2人は、入口で躊躇しています。「いっぱいいる」「多すぎだ」と中の様子を見ながらつぶやきます。

A児「トイレの前のとこ、
　あいてるんじゃない」

B児「だけど、
　おしっこに来る人に
　コマ踏まれちゃうよ」

A児「今日は、
　ホールは満員だから
　部屋に帰ろう」

Point

空間の理解には密度も含まれます。子どもは密度を〈混んでいる・あいている〉、〈いっぱい・すいている〉、〈広い・狭い〉、〈濃い・薄い〉などのことばで表現します。

ただし、その受け取り方は、子ども自身の経験やそのときの心情によって変わります。

●観察と実感

密度という概念は絶対的なものではなく、あくまでも相対的な判断です。事例の2人は、予想した人数や日頃の状態と比べて、今日は多すぎると判断し、ホールでは遊ばないことにしたのでしょう。コマを回すのに必要な空間は、単に面積の広さだけでなく、密度も関係しています。一方、子どもは閑散とした雰囲気や広すぎる空間も避ける傾向があります。密度が高すぎても低すぎても落ち着かないようです。

●心理的接近が物理的接近をうながす

子どもは話を聞いたり順番を待ったりするとき、保育者の前にぎゅうぎゅう詰めで集まることがよくあります。あるいは、他に空間があっても仲良しの友だちの隣に座りたがります。話への興味や早くやりたい気持ちが保育者の近くに集まらせたり、好きな友だちだからそばにいたいという親近感が、そのまま物理的な距離感をつくり出しているといえるでしょう。

●同じ泥水でも

「泥水」の濃度の違いを「さらさら」「べとべと」「とろとろ」「ねとねと」などと表現します。あるいは、ペットボトルの泥水が一晩たって層になると、上澄みは紅茶、中間はコーヒー、下の沈んだ部分はココアといったりします。自分が当事者のときよりも、観察したときのほうが、密度の微妙な差をとらえられるようです。

子どもの姿 3
どっちが高い？

缶ぽっくりに乗った子どもが2人、園庭を横切っていきます。ミルク缶に乗った子を見てA児が「わあ。Uちゃん高い」と言うと、B児が「え、Kちゃんのほうが高いよ」とパイナップル缶に乗った子の名を挙げます。

A児は「違うよ、Uちゃんのほうが高いよ。ほら、こっちに来てみれば分かるから」と後方のテラスの敷石の上に立って言います。B児は「そうじゃなくて、Kちゃんのほうが絶対高いよ」と反論します。

Point

高さの違う缶ぽっくりに乗ったために、身長の差が逆転してしまいました。A児は今見える背の高さを比べ、B児はもともとの身長を比べているので、両者の判定は違って当然です。何を測っているのかを明確にしないので、こうした議論はしばしば起こります。

●身長や体重への関心

この時期の子どもたちは、身長や体重や靴などの数値に強い関心をもっています。子どもは「より大きい」ことが自慢なので、「背の順」はほとんど全員に浸透しています。B児が「Kちゃんのほうが高い」と言ったのは、実際に観測しての判断というよりは、既知の順位を発言しただけかもしれません。

●ことばの解釈が難しい

2人の高さのとらえ方は、英語にしたほうがよく分かります。A児はhigher(より高い)、B児はtaller(より背が高い)と言っているのです。日本語にはこうした区別がないので、あながち子どもの理解が悪いとはいえません。日本語では、「上」「下」を物に密着しているのか、空間的に離れているのか、状態を区別せずに使います。「前」も自分に近づける「手前」なのか、自分から離れる「前方」なのか、曖昧なことばです。状況の中から解釈するほかありません。

●高さの基準

A児は2人の高さを比べるときに、遠ざかるという興味深い行動をとっています。近くでは足元の窪みや突起で判断を見誤ることを知っているのでしょう。離れた位置から見るほうがより正確であることを理解していると思われます。また、平らなテラスの敷石に立つのも基準となる水平面を意識しているからかもしれません。

子どもの姿 4
環境に合わせたからだの動き

お化け屋敷のエリアは積み木で囲まれていて、入口には机が2つ並べてあります。

A児は客の子が積み木をまたいで入ろうとするのを見て、「ちゃんと入口から入って」と注意します。するとその子は左ののれんの下をワニのように腹ばいになって進んで、中に入りました。A児は暗幕の裾をめくり「入口はここです」と次の客に呼びかけます。

Point

客の子は暗幕や看板で脚の下が狭くなっている机は、出入りできない場所と考えて低い積み木をまたいで入ろうとしたのでしょう。やり直す場合も床まで届いている暗幕は避けて、無理な態勢をとりながらも隙間から入ります。空間の印象は子どもに一定の行動をとらせます。

●瞬時に判断して動く

囲まれた空間は入りにくいものです。客の子はまず低い積み木をまたいで入ろうとします。次は、隙間の空いている机の下のほうを選びます。こうした感覚は教えられて身につけたというよりは、人間がもともともっている認識です。一方では「お化け屋敷の中は暗い」という共通イメージもあり、入口は暗幕のある場所に違いないという判断もできます。空間の認識は、後天的な学習の側面もあります。

●空間に応じた身のこなし

ブランコをこぐときは、揺れ幅を見極めないと衝突します。狭い通路を通るときには、横向きになったほうが幅をとりません。トンネルをくぐるときは、どの辺で頭を下げ、どの辺で頭を上げるかを考える必要があります。実体験を積み重ね、空間に合わせて自分の行動を適切に処していく能力を身につけなくてはなりません。

column

アフォーダンスとは

環境が人に次の行為を誘発するという意味です。人は空間に限らず、対象の形状や質感など、視野が提供する物理的な情報に自分のからだを対応させます。例えば、ちょうどよい高さの鉄棒では回ったり、飛びついたりして遊びますが、高ければぶら下がり、低ければ跳び越えたり腰掛けたりするでしょう。Afford＝与える、提供するという意味の造語です。

空間② 位置や距離

子どもの姿 1

建物の配置

街づくりをしています。保育者が中央に園舎を置き、公園と大型スーパーと郵便局の3つをそれぞれの位置に設置しました。コンビニをつくっていた子が、置き場所でもめています。

A児「ローソンと郵便局ってそんなに近くないよ」

B児「ローソンのとこ曲がってから郵便局だから、こっちだよ」

A児「ここがいいのにな。郵便局じゃまだよ」

対象の理解は「かかわりの頻度」に影響されます。位置や距離など物理的な理解も、愛着や信頼など心理的な感じ方と密接な関係があります。理解を深めるには、たくさんの楽しい経験が必要です。

Point

子どもの空間認識は自分の生活体験に大きく左右されます。街づくりでも空間を正確に写し取っているのではなく、関心をもっている建物だけをピックアップしています。位置関係は不正確です。

●ランドマーク

事例では保育者が園など目印となる建物を配置して、空間をおおまかにとらえられるようにしています。人数が少ない場合はこの段階から子どもに相談させると、それぞれの建物の位置がよりはっきりするでしょう。クラス全体での活動などでは、目印がないと収拾がつかなくなります。誰もが知っている建物や樹木などの位置を確認しておくと、空間の関係を理解しやすいでしょう。

●かかわりの頻度と記憶

公共施設の郵便局は大人にとってはランドマークですが、子どもには身近ではないようです。自分たちがつくったコンビニを郵便局との関係でとらえるのではなく、コンビニを優先的に置こうとしています。日常的に利用してかかわりの頻度が高い場所は、愛着をもつ場所として記憶されます。反対にかかわりの少ない場所は、印象に残らなかったり、「じゃま」な存在となります。

●不均等な空間認知

子どもたちがもつ街の印象は、身近な場所は大きく、かかわりの少ない場所は小さく、不均等な倍率で構成されています。そこで、こうした街づくりの遊びでは、距離ではなく核になる建物を中心にして、「〜の反対側」「〜の通りにある」「〜と〜の間にある」など、関係性から空間を考えるように方向づけましょう。

あそび1 位置と配置を体験するネックレスづくり

保育者が見本となるネックレスをつくり、その通りに再現してつくるあそびです。ビーズの並べ方をランダムにすると、難易度が上がります。

遊び方

「宝石やさん」になってネックレスをつくります。色とりどりのビーズを使ってモデル商品をつくり、みんなでそれと同じものをつくります。モデルの商品のビーズの並べ方は一定のパターンにならないようにしましょう。色の配置なども不規則なので、誰もがつくるのに苦労しますが、位置や配置を考える体験になります。

宝石やさんで売るから、同じものにしなくちゃね
むずかしそうだな…
お母さんにあげたいな！
かわいいね！

予想される子どもの姿

あってるあってる！
あお…きいろ…オレンジ…みどり…あか…

B児：友だちにモデルの色を順に読み上げてもらい、自分のネックレスを指で押さえながら確認していきます。

A児：たびたび自分がつくっているものをモデルに添わせて置き、確認しています。

D児：完成したものをモデルに重ねて、違っているとビーズを全部引き抜いてしまいます。「途中までよかったのに」と言われても「いいの」と最初からやり直しています。

C児：隣の子が完成間近なので自分のものと並べて吊り下げて、友だちのものをまねしてつくります。

保育者の働きかけ

好きな色や形を自由につなげてもネックレスはつくれますが、「商品として同じものをつくろう」と自分たちで課題を設け、挑戦している姿を激励します。あそびの面白さは、何の制限もない気ままな自由さにありますが、反対にこうした制限を設けて、それを成し遂げたときの達成感からも得られるのです。

理解の難しい子への援助

1. モデル商品は完成品の輪になっているもののほかに、つくる過程で何度も確認できるように、直線のものも用意しましょう。
2. モデル商品を同じパターンのくり返しや、左右どちらからも同じシンメトリーにすると、反対側から見ても分かりやすくなります。

子どもの姿 2

距離の実感

たびたび散歩に行く公園は、往路は長い上り坂なので、帰路は下り坂になります。子どもが「けやき公園は、行くときは遠いけど帰りは近い」というので、保育者が疑問を差し挟むと「そうだよ。簡単に帰って来ちゃう」「すぐ帰れる」と答えます。

そこで保育者が「どうして帰りはすぐ帰れるのかな。行くときとどこが違うのかな?」と問うと「行くときは水飲んだり休んだりするけど帰りは水飲まないから早く帰れる」と答えます。

Point

同じ道なのだから距離は同じだということを子どもは分かっていません。しかし、時間が多くかかるときは距離が遠いという理解はしています。坂道は上りと下りではエネルギー消費量が違うので、その差があたかも距離の遠近の差として感じられるのでしょう。

●時間の長短と距離の遠近

速度が同じであれば、かかる時間は距離に比例します。時間がかかる往路を「遠い」と認識するのは自然です。実際に往路では、水を飲む時間や休息の時間が加算されるので時間がかかってしまいます。しかし、上り坂で歩くスピードが落ちていることには気づきません。子どもには二重比較は難しいので、速度について考えさせる必要はないでしょう。将来の理解に委ねます。

●気持ちの疲労も加算する?

大人でも知らない道は遠く、知っている道は近く感じられます。地図を見ながら目的地を目指す道のりより、帰り道のほうが短いような気がします。子どもも、引率されて公園まで行くときと、よく知っている園に向かうときの緊張感の差が距離感に何かしら影響しているのかもしれません。

column

地図を頼りに出かけたとき迷子になったら?

パラボラアンテナの向きを見るといいでしょう。アンテナはおおよそ〈南西〉を向いています。そこで地図をそれとは逆にして、11時の方向にちょっと戻すと、上が北の地図に戻せます。自分の歩く速さを知っているとおよその距離も分かって便利です。

あそび2 集合場所は、どこ?

まず保育者が、子どもと会話しながら園の地図をつくります。地図ができあがったら園庭の中の1か所を示し、子どもたちが地図を読み取って実際にそこに集合するまでが、ゲームです。

遊びの手順

1. 自分たちの保育室を描きます。

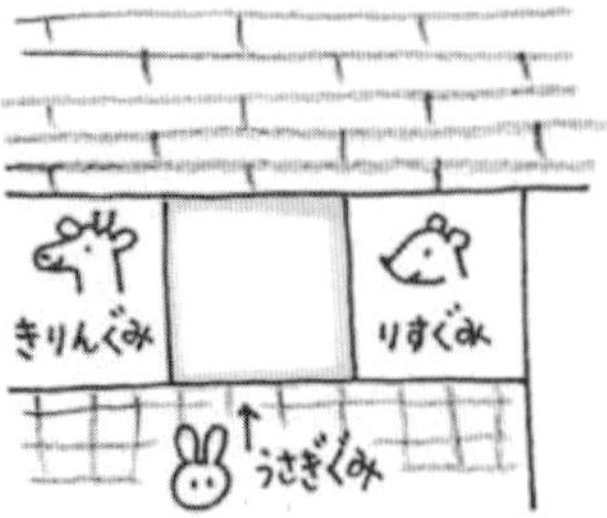

2. 隣のクラスの名前と位置を確認しながら描き足します。

3. 今いる部屋の出入口や水道などを描き込んで、自分たちはどのあたりにいるかを当てさせます。間違う子がいたら、トイレや本箱など他の家具の位置を重ねて問いかけ、自分の位置が「何の前」か明らかにしましょう。

4. 職員室やホールなど、部屋の名前と位置を確認しながら園舎全体を描きましょう。

5. 庭は園舎の右か左かを問いかけ、描き足し、園庭の中の目立つ遊具を1つ、位置を確認して描きます。

6. 「ここに、何かがありますね。この前に集まりましょう」と集合場所を指示し、集まります。

留意点

最初はなじみのある固定遊具など、分かりやすい位置を指定します。慣れてきたら、「〜と〜の間」や「〜に背中を向けて」など複雑にしましょう。地図づくりも、最初は現在の位置をそのままに写しますが、慣れてきたら90度回転させて描き足していきましょう。回転させても2)の段階で分かるようになります。

第3章 かずに出会う

かずというと、多くの人が1、2、3…の数字や「いち、に、さん」のことばを思い浮かべるようです。また、数えるというと「いち、に、さん…」とそらで数えることや、「何歳？」という質問に指を出したり「4歳」と言って答えたりすることだと考えるようです。

幸いなことに日本語のかずは、10進法で数えたり数字を読んだりするのに大変便利にできているので、日本の子どもは早くから1、2、3…の数字を読んだり数えたりすることができます。就学前に100まで数えられる子も少なくありません。

しかし、こうした姿とかずが分かることとは必ずしも一致していません。100まで数えられる子に「23の前は何？」と聞くと答えられず、初めから1、2…と数えていったあげく「21、22、23、24…」と通り過ぎてしまったりします。

一口に数えるといっても、ものの集まりの総数を数えることと、何番目かを数えることでは、視点がまったく違います。ここでは、そうした「数える」ことと、かずを表す「数字」について掘り下げて考えてみましょう。

子どもの姿❶
「かず」と意識しない「かず」

2人で連れだってでかけようとしたところ、A児は「あ、帽子忘れた。取って来るから待ってて」と部屋に戻ってしまいました。B児は「早くして。まだぁ?」と呼びかけ「いち、に、さん、し」と続けます。そして、A児が来るまで「早く。いち、に、さん、し」と何度もくり返して言います。

かずの最初の出会いは、「いち、に、さん…」という自然数でしょう。子どもが大きな声でかずを言う姿は、かずを理解したというよりは、新しいことばを覚えた姿です。

Point

B児は自分が待つ行為や、相手を急かす場面に連動することばとしてかずを使っています。「待っています」や「急いでください」という気持ちを表現することばとして「いち、に、さん、し」を用いているのです。B児にとって「いち、に、さん、し」はあくまでもことばであって、かずではありません。

●待つときに使うことば

「ちちんぷいぷい」や「アブラカダブラ」は、具体的なものを指すことばではありません。まじないや魔法のときに使うことばで、他のときには使いません。これと同じように「いち、に、さん、し」も、待つときに使うことばとして認識されているのでしょう。湯船につかって温まるときや、料理が出てくるのを食卓で待つときなどに、年長者が「1・2…」と数えて待った経験があるからだと思われます。

●調子のよいリズミカルなことば

B児は「ご・ろく…」と先のことばは知らないようです。あるいはからだでリズムをとるうえで「いち、に、さん、し」の4拍子がちょうどよいのかもしれません。いずれにしろB児にとって「いち、に、さん、し」は、待ち時間の手持ち無沙汰をしのぐ鼻歌や、「ぱんぽろりん」のような調子のよいことばで「暇つぶし」をしているのと同じといえるでしょう。

●日本語としてのかず

子どもが「いち、に」のかずを覚えるのは、新しい「ことば」を覚えるのと同じで数学的理解ではありません。新たに覚えた名詞が、たまたま数学的領域で使うことばであると考えたほうがいいでしょう。「いち・に…」は、数を表すことばなので【数詞】といいます。

子どもの姿 ②

ブランコをこぎながら数える

ブランコに乗っている子と順番を待つ子たちが一緒に、大きな声でかずを唱えています。「1・2・3…20、おまけのおまけの汽車ぽっぽ。ぽおっと鳴ったら替わりましょ」で交替します。そして再び唱え歌が始まります。

Point

遊具などで順番に遊ぶとき、かずを数えて交替するというルールを経験することは、「いち・に…」という数詞がものの量を表すことばだということを知るきっかけになります。しかし、事例のようにかずを唱えているからといって、全員がかずを理解しているかどうかは分かりません。このルールは、「歌を１曲歌い終えたら交替」でも構わないわけで、「いち・に…」は単なる唱えことばとして理解されているのかもしれません。

●動作と対応させて「数える」

　ブランコをこぎながら「1・2…」と唱えている子は、数えていると考えてよいでしょう。「イーチ」と言いながら脚を前にこぎ出し、また「ニーイ」と言ってこぐのですから、1回の動作に1つの数詞を対応させる「1対1対応」（P39参照）ができているからです。

　縄跳びのジャンプに合わせて「1・2…」と言ったり、階段を1段ずつ上りながら「1・2…」と言っている子も、1対1対応ができているので「数えている」といえます。

●かずを唱えるので「数唱」

　ある集合に1つのものを加えるごとに、それぞれ違ったかずを口で言っていくことを「数唱」といいます。つまり数唱とは、1に1を加えると2、2に1を加えると3、3に1を加えて…というように「1・2・3…」と「自然数」を順番に声に出すことです。なぜ、こんなめんどうな説明をしたかというと、「数唱」ができることと、「かずが分かる」ことには大きな差があるからです（P11）。

●数詞が出てくる歌

　数詞が出てくる指あそび、手あそび、歌はたくさんあります。これらをたくさん覚えることとかずの理解とは必ずしも一致しませんが、「1・2・3…」と数唱する機会にはなります。数学的体験とは切り離して、あそびとして楽しむといいでしょう。

子どもの姿 3

子ども独自の数え方

A児の数え方は独特です。「パパ、ママ、お兄ちゃん、ぼく、妹」です。まつぼっくりを拾って家に持ち帰るときも「パパ、ママ、お兄ちゃん、ぼく、妹」といいながら5個を袋にしまいます。「Aちゃんの家は何人家族なの？」と聞くと、「パパ、ママ…」と言いながら指を折り、これだけとパーの手を見せます。「1・2…」と数えさせたり、家族は「5人」と教えなくていいのでしょうか？

Point

しばらくはこのままでいいでしょう。この時期は1つのものに1つのことばを当てはめる「1対1対応」を着実に理解することが重要です。A児は「パパ」や「ぼく」ということばと松ぼっくりや指が1つずつ対応しているので、特別に指導しなくても大丈夫です。

●いろいろな数え方

A児のような例に出会うと驚くかもしれませんが、「いち」の代わりに「one」、「さん」の代わりに「three」と言っているのと同じだと思えば安心できるでしょう。「いちじく、にんじん、さんしょ、しいたけ…」や「だるまさんが転んだ…」で数えても構わないのです。A児は日本語や英語とは違う「A児語」で数えているだけです。

●重複やもれがなければ安心

数えるときに最も大切なのは、1つずつ確実にかずを当てはめるということです。同じものを2回数えたり、反対に抜かしてしまうのはダメです。事例のように「いち」の代わりに「パパ」と言ったり、「さん」の代わりに「お兄ちゃん」と言うと、大きな間違いをしていると思いがちです。しかし、同じ順序で確実に1対1対応させて数えているなら、まったく問題ありません。

●いつも同じ間違いをする子

数唱をするときに、決まって同じ間違いをする子がいます。例えば、「1234578910」と必ず6を抜かしたり、「123456879」と「7と8」が反対になってしまうような場合です。おはじきに1つずつ指を当てながら数えさせてみましょう。あるいは、1個ずつ並べさせてみましょう。もれやだぶりがなく1対1対応できていれば、数唱が間違っていても一安心です。

保育実践　数える能力を調べる

数える力は子どもによって差があります。おはじきで楽しく遊ぶ中で、各人がどの程度分かっているのか、実態を把握しておきましょう。

遊び方　あそびを１から３のように段階を追って組み立て、子どもの数える力を判断します。

1. おはじきを等間隔に並べ、指で押さえながら数えさせる。
誤答でも否定せず「おはじきで遊ぼうね」と終了します。正答なら、逆方向からも数えるように指示しましょう。数える前に「同じだよ」、もしくは「○に決まってる」と正しい答を言う子は、かずの保存性がよく分かっています。

2. 両端は等間隔に、真ん中の１か所を
不均等に並べたおはじきを数えさせる。
２個が寄っているところを１と数えたり、おはじきがない空間を前と同じリズムで数えてしまったりする場合は、まだかずが分かっていないのです。

3. かごや袋の中からおはじきを取り出しながら、数えさせる。
中から出すときに取り損なったりしてタイミングが狂う場合も、それに対応して数詞が正しく言えることが大切です。

4. おはじきを円の1か所が欠けたような形にして数えさせる。
就学前には、ここまでできると安心です。

●かずの本当の理解

3〜4歳児ならおはじきのかずは4〜6個、4〜5歳児は5〜7個、5〜6歳児は10〜13個くらいを目安にします。ただし、かずの多少にとらわれる必要はありません。

数える力がどれくらいまで育っているかをとらえることが重要です。結果は保育者の想像より低いでしょう。数えられるからといっても、本当のかずの理解は難しいのです。

●円形のかずの数え方は難しい

円の場合は際限なく数えがちです。「これじゃあいつまでたっても終わらないね」と明るく対応して、子どもの見ている前で目印をつけ、「ここから数えてみよう」と、数えはじめの位置（数え終わりの位置にもなります）に紙などをはさみます。数学的思考を育てるには、正しい答えを教えるよりも「考え方」を教えることが大切です。

PART 3-2

数える② 集合数

あそび 10までの「かずの階段」

私たちが通常「数える」とか「いくつ？」というときは、集合の大きさ（集合の要素のかず）を指して、「全部でいくつあるか数えなさい」と問いかけています。つまり、集合数のことです。集合数は基数ともいいます。

遊び方 同じ大きさ・形の積み木やタイルを、まず１つ置き、右隣に２つ、その隣に３つ……と並べ、最後は10個並べます。合計55個が必要。左から右へ並べるのは、数直線が左から右に行くほど大きなかずになっているからです。

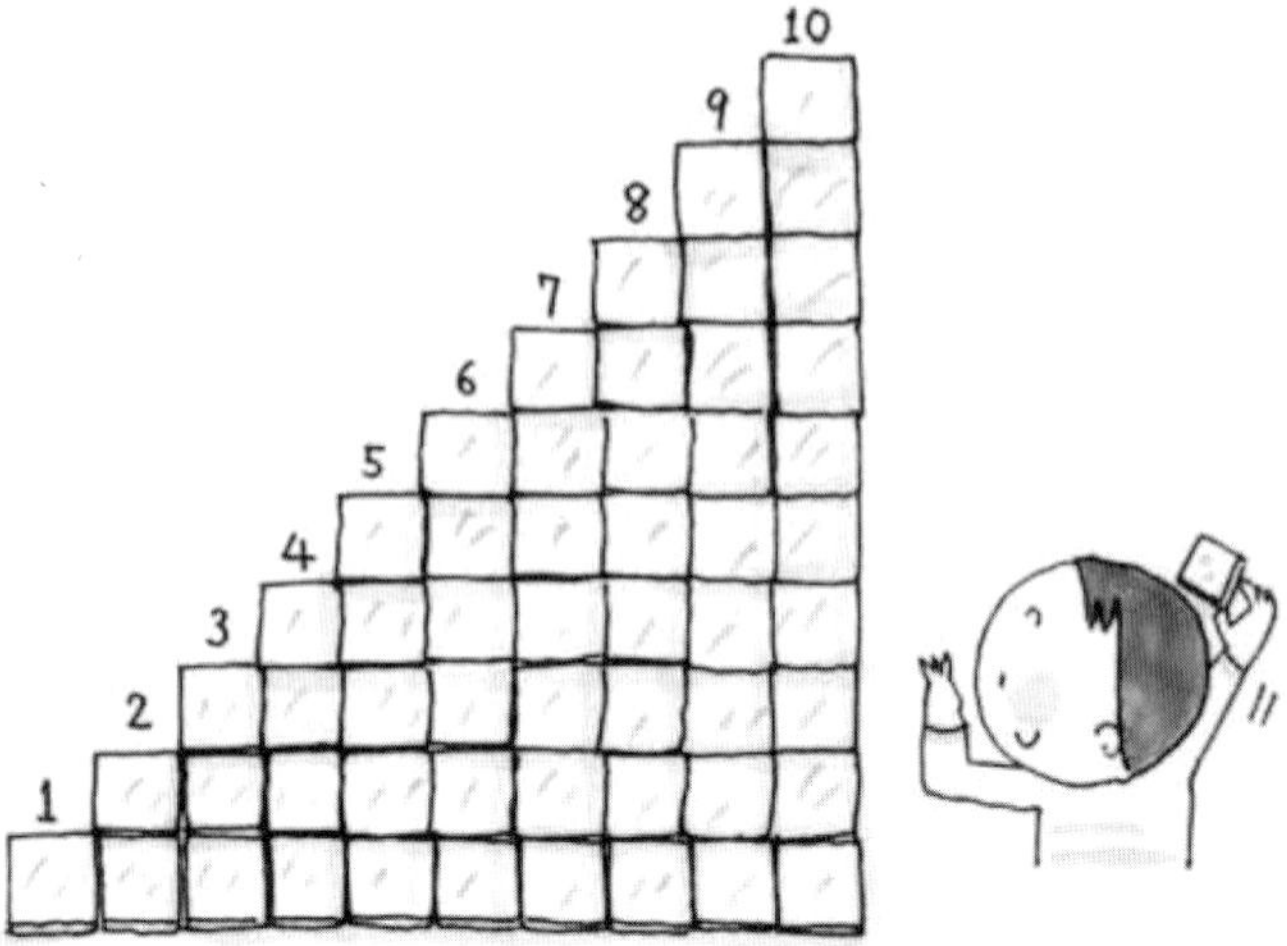

1. 文字積み木・タイル
正方形なので、かずの増加と比例して長さが正しく２倍・３倍になります。このあそびに最適な材料。

2. おはじき・紅白玉
同じものがたくさん用意できるよさがあります。おはじきなら机に、紅白玉は広い場所に並べましょう。

3. **トランプ・カルタ**
10までの階段をつくるには1セットでは足りません。同じ種類のものが最低2セットは必要。

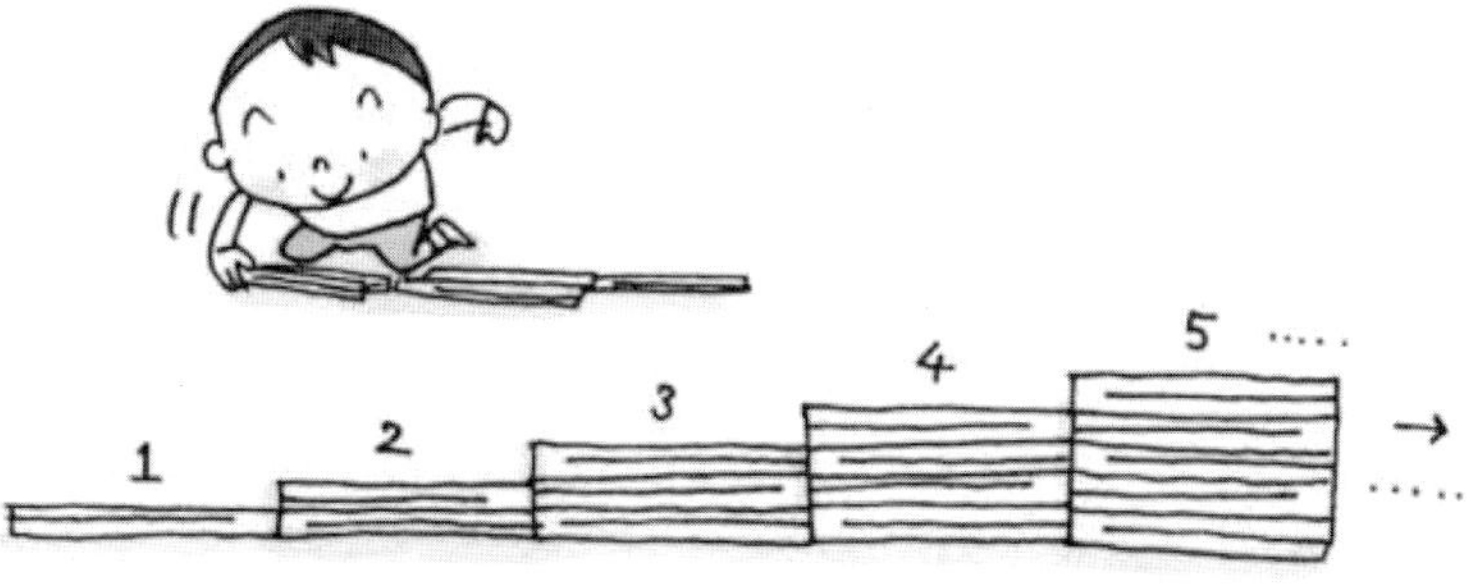

4. **未使用の鉛筆・割りばし**
極端に細長い階段ができます。ホールや、机を片づけた広い床に並べるとよいでしょう。

あそびの発展

園にあるもの、庭にあるもの、自分たちの部屋にあるものなど、条件を決めて「同じかずのもの」を探します。

「時計は全部でいくつかな？」

「ほうきやバケツはいくつある？」

「先生のかずは？」

単位にしたものと具体物とを１対１対応させて、確かめます。

子どもの姿❶
グループのメンバーに材料を配る

グループの仲間6人に、製作材料の輪ゴムを1人に2本ずつ当番が配ります。方法はいろいろです。

輪ゴムを
1人に
2本ずつ
当番さん
配って
ください

A児：2本取ってきて1人に渡します。したがって計6回、行ったり来たりします。

B児：まず6本取って1人ずつに配り、また6本取って1人ずつに配ります。

1.2.3.4…
…10.11.12!
ぜんぶで
12本だ!

C児：1人を2回ずつ指差しながら「1・2」「3・4」…「11・12、12本だ」と総数を出してから、12本取りに行きます。

D児：たくさんの輪ゴムを握りしめると机の真ん中に置き、1人ずつ仲間を呼んで「はい、はい」と左右の手で取った輪ゴムを渡します。最後に「はい、おれ」と輪ゴムを置くと、「余った、返してくる」と残りを戻します。

じゅんばん
ね～!

●掛け算の基礎

A児のような配り方は大人はめんどうなのでしませんが、1人につき2本を単位にした配り方＝2×6の考え方です。B児は、6人が2本ずつ必要という発想＝6×2の考え方です。答えは共に12ですが、考え方が違います。

●予め必要量を数える

成長するにつれ、C児のようにあらかじめかずを調べてから取りに行くような姿が増えてきます。2＋2＋2＋2＋2＋2＝12の足し算の考え方です。数える対象となる人がいたので「指差す」ことができ、また合計が12だったので簡単でしたが、人数が30人、40人となると大変です。やがて、掛け算の考え方の便利さに気づくときが来ます。

●終わりよければすべてよし

D児のような配り方も時には必要です。D児が1人2本の指示を正しく理解していることや、行動力に優れていることは分かりますが、どの程度かずを理解しているかは分かりません。かずを意識すると数えることばかりに気を取られますが、こうした実践力も大切にしたいものです。園のような集団の場の学習は、「こういうやり方もあるのだ」と考え方が広がることに意味があります。

こんどは
30人に
モールを
2本ずつ
配って
ください
え～
30人?
1.2.3.4.
5.6.7....
....いくつ?

子どもの姿 2

誕生会のおやつ配り

3人の当番がジュース、菓子、ストローを、順番に取りに来る子に1つずつ渡していきます。ジュース担当のA児が「どんどんなくなっちゃう、大丈夫かな。足りるかな」と不安げに訴えると、ストロー担当の子が「私のはまだいっぱいあるから、大丈夫」と答えます。ジュースが残り5個になるとA児は、菓子をちらっと見た後、「ストローいくつある?」と尋ね、「5本」という返事に「よかった。足りるね」とほっとしたようです。

Point

ジュース、菓子、ストローの見かけの量は最初は違っていますが、3人とも疑問を示しません。これまでの経験もあって、同数であると理解しています。ところが、見かけの量が大きいものは当然減っていく量も大きいのですが、その理解は難しいようです。しかし、目で見て総数が把握できる量になると、かずを聞いて同数だと分かるまでに成長しています。

●見かけの量

たくさんあったジュースの山は配るにつれてどんどん減るのに、束になっていたストローの見かけの量は、それほど変わらないように見えます。ジュース担当のA児は、山積みのジュースと束ねられたストローを初めに見て、同数でも見かけの量に差があることに納得していたはずです。しかし、自分がジュースを渡しているために、目の前で減っていく空間のほうに注意が向いていったのだと思われます。

●目測によるかずの把握

A児はジュースが残り5個になるとストローのかずを尋ね、「5本」という返事を聞くと、すぐにジュースとストローが同数であると判断しています。ジュースが次々と持ち去られる状態の中では残量を数えるゆとりがなかったのでしょうが、ジュース5個は目で見て総数を把握できています。

子どもが目測で分かるかずは、だいたい年齢と同じといわれています。ただし、その数の配置がばらばらのときと、列になっているとき、模様のようになっているときでは違います。集合数が確実に理解できるまでには、様々な体験が必要です。

子どもの姿③ 休みの子のかずを調べる

毎日、朝の集まりで欠席者のかずを調べます。どんなに多い日でも6～7人ですが、「休みの子のかずは全部で何人ですか」という質問の答えが分からない子がいます。かずは20～30くらいは間違いなく数えられるし、グループの手紙配りなどもできるのに、どうしてでしょう。

Point

具体的なものと抽象的なかずを連動して考えられないからでしょう。具体的なものとかずを「仲立ち」する補助教材を使い、｛集合数｝を意識させるといいでしょう。

グループ
あか
しろ
きいろ
あお
みどり
やすみ
あいり
ようた
パチッ
たとえば こんな方法が あります
きょう 休んだのは
としやくん、しんちゃん ゆかちゃん……
① 休んだ子の表を作り、欠席者の名前にマグネットを置いていく

② 置いたマグネットを 1か所に集める
これが休んだ人のかずです
③ 1つずつ囲むようにして数える
左手
1
2
3
4
5

●「たろうくん一人」を「1」に抽象化する

例えば5人の欠席があったと仮定します。保育者は欠席者の名前を書き、名前を順に押さえながら「1、2、3、4、5。全部で5人休みですね」と言います。「たろう」の文字を見ながら「1」と数えるには、たろう個人ではなく「休みの人」と抽象化する必要がありますが、ここが問題となります。「よしこ」を押さえながら「5」と言うと、保育者が「5人」と言ったときに、それは、「よしこのことを意味している」と誤解してしまうのです。

●マグネットを仲立ちにする

子どもの名前を数えるのではなく、子どもを象徴する「仲立ち」としてマグネットを使います。まず休みの子の名前を呼びながら、名前の上にマグネットを置きます。こうして、個人名をいったん忘れます。

次に欠席の子を示すマグネットを1か所に集め、欠席者の集合をつくります。左手を置き、右手を順にマグネットを囲むように移動させながら「1、2、3、4、5」と数えます。つまり、手で囲まれた中にある量を数えていることが分かるようにします。

数える③ 順序数

1番目、2番目と順番を表すかずを順序数、または序数ともいいます。2つ以上のものを順序づけるときに必要な考え方です。順序数と集合数は、ともに自然数の2つの側面ですから、厳密には切り離して考えられません。統一して考えることも大切です。

保育実践

絵本の中で出会う順序数

『三匹のやぎのがらがらどん』では3匹のヤギが、小さいヤギ→中くらいのヤギ→大きいヤギの順に登場します。『おおきなかぶ』では、お爺さん→お婆さん→孫→イヌ→ネコ→ネズミと大きい順に登場します。画面ごとに1人ずつ集合が大きくなっていく様子も分かります。

Point

絵本のほかにも、園生活の中で、背の順、先着順、あいうえお順など日々様々な「順序」を体験するチャンスがあります。数学的な体験であるという意識を保育者がもち、かかわりを考えましょう。

●大きい順に並べる

泥団子を大きい順に並べます。客観視できるので、正確に順序づけができます。「一番小さい団子をください」「これより大きい団子がありますか」などの声かけが考えられます。

●早く来た順に並ぶ

水道や遊具の前に早く到着した人から使います。「よういドン」の競走では、短い時間内の順位を判断します。「どっちが早かったかな、どっちが後かな」などの声かけが考えられます。

●背の順に並ぶ

小さい順、大きい順に並びます。当事者同士で比べるときは鏡の前で比べます。第三者の立場の人が見比べると、もめません。「自分の前と後ろの人を覚えましょう」「前から5番目は誰かな？」などと問いかけます。

●あいうえお順に並ぶ

50音という基準は直接見ることはできませんが、公平な基準の一つとして取り入れていきます。「さしすせそ、た。さしすせその次は、た」と、声でしっかり確認しながら並ぶようにします。

column

十二支も順序数

「子、丑、寅、卯…」の十二支や「甲、乙、丙…」の十干も「一、二、三…」と同じように順序数で、十二支と十干を組み合わせた60の組み合わせが「干支（えと）」です。カレンダーにある「友引、先負、仏滅、大安…」などの六曜も順序数ですが、種類が少ないので使い道が限られます。

子どもの姿 1

誕生日の順番

どちらも7月生まれの2人の誕生日がA児は28日、B児は11日だとわかると、A児は「やったあ。ぼく28日だからぼくの勝ち。もうすぐ5歳」と喜びます。B児が「え、私の勝ちだよ。誕生日って早いほうが勝ちなんだよ。Aちゃん負けだよ」というとA児はさらに「え、11と28だったら28のほうが大きいんだよ。だからぼくのほうが大きいんだよ」と反論します。

Point

A児は「勝ち・負け」ということばを使っていることからも、かずの大小にとらわれて、かずの大きいほうが年も大きいと考えてしまったのでしょう。11番目と28番目の順序の差と11と28の大小が逆転しているのが難しさの原因です。

●かずの多いほうが上？

子どもにとっては身長も体重も靴のサイズも、大きいほうが自慢です。特に年齢は「まだ4歳」の相手に対して自分は「もうすぐ5歳」という実感が「勝ち・負け」の表現になったのでしょう。年齢が大きいほど勝者になれるので、自分は11より大きい28なので優位に立っていると考えたのだと思われます。

●数詞だけの比較は難しい

玉入れなどの勝敗で「23対19」というようなとき、それを告げた直後に「19」の側の子が「勝った！」と喜ぶことがあります。10の位の数字を覚えていないか、「9」だから大きいかずというイメージをつくっているのかもしれません。数詞だけをそらで比較するのは難しいことですが、A児はそれが理解できています。整数の並びが分かっているA児なので、カレンダーなどを見ればどちらが先に誕生日を迎えるかは、すぐに分かるでしょう。

●1等、2等…

順序を示す等級はいろいろあります。かけっこなどの着順を表す1等、2等などは子どもにも浸透しているでしょう。列に並んだときの1番、2番も目で見ることができるので理解ができます。いっぽう、3級より2級、2級より1級のほうが上位なのに、その上は1段、2段と正比例で優位になる順位もあります。順序の理解はなかなか容易ではありません。

あそび

行と列（マトリックス）を当てる

引き出しや靴箱など、横（行）と縦（列）のマス目がきちんと並んでいるものを見ながら、該当する位置を考えます。

遊び方　例えば靴箱の前で、「上から○番目。右から○番目はどこでしょう」と保育者が問題を出し、子どもたちはそれがどこの位置かを考えます。そして該当する子どもは「自分である」ことを告げます。

1. 上下や左右を入れかえる

「上から○番目　右から○番目」「右から○番目　上から○番目」、「下から○番目　左から○番目」「左から○番目　下から○番目」のように入れかえてどちらからも考えられるようにします。「上から」というとき、初めのうちは手を上から下に区切るように下ろしていく動作を添えます。同様に横も弧を描くように動かして順番を視覚的に知らせましょう。モデルは「子どもから見て右、左」なので間違えないように。

2.「列」という言葉を使う

「一番右側の列」「一番左側の列」などの言い方で位置を表します。「列」は日頃、聞いたり話したりするので、そのまま使います。分からない子もいるので、保育者が手を上下に動かして列の意味を視覚的に知らせましょう。

3.「段」という言葉を使う

「一番上の段」「一番下の段」などの言い方で位置を表します。数学的には横の並びは「行」といいますが、聞き慣れないことばなので「段」とします。横の並びを指していることが分かるように「段」と言いながら保育者が手を水平に動かして、視覚的にも意味を伝えましょう。

4.「該当する位置がない」

縦列に5か所しかないときに「上から6番目」などと、わざとない場所を言い、子どもが「はずれ」「ない」などと答えます。

5.「同じ位置を異なる表現で示す」

1か所を決め、その位置を示す表現をすべて考えます。

気をつけて!

保育者は自分のからだで対象物を隠さないようにします。例えば、「右から…」のときは、子どもに右側がよく見えるように、保育者は左側に移動して立ちます。

子どもの姿 2

リレーの順番

リレーが始まると聞いて仲良しの2人は「競走しよう」と紅白の列に加わります。A児は自分の位置を数えて「8番か」とつぶやくとB児に「何番走る?」ときました。B児が「7番」と答えたので、A児は前の子に「ね、替えて。7番にして」と頼みますが「ダメ。Aちゃん後から来たんだろ」と断られてしまいました。

A児が「Bちゃん、後ろになって。だってBちゃん7番だけど、ぼく8番だから」と話すとB児は「わかった、競走しよう」と後ろの子と交替して8番に移動します。

Point

仲のよい2人は、同じ順番に走りたいと思っています。2人にとってはチームの勝敗というより、2人の間の競走をリレーの場でしようと考えています。リレーでは第1走者以外は同時にスタートできるわけではありませんが、それには注意を払わずにいます。

●同時に走れるとは限らない

A児はB児と一緒に走ろうと苦労しましたが、2人が同時に走れるかどうかは前の走者の結果次第です。順番を揃えたのに一緒に走れなかったというようなことを体験的に学ぶのも、数学的な知識を蓄積するうえでは大切です。

●順番は前のほうがよい

A児に交替をたのまれた子は、順番が後ろになるのを拒否しています。いっぽうで7番目のB児に交替を持ちかけられた8番目の子は素直に応じ、何ら抵抗がありません。順番をくり上げるには許可が必要ですが、後ろへの変更は可能と子どもたちが考えているのは、順番の早いほうが有利なことが日頃の経験で多いからだと思われます。

column

2つにチーム分けするときは

リレーなど2つのチームに分かれるときは、チームの人数（集合数）が同じことが大事な条件です。帽子やはちまきを1対にしておくと、「仲間を誘って2人になり、それぞれのチームに分かれる」ことが簡単にできて便利です。

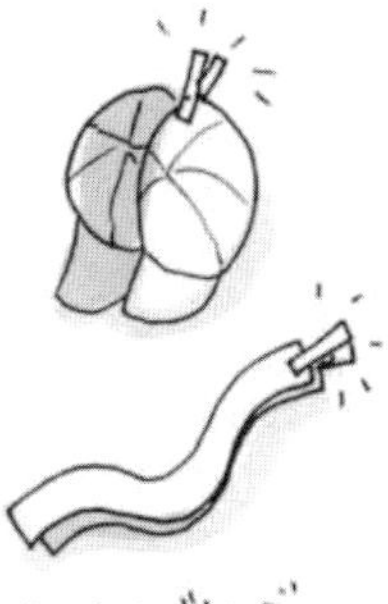

数える④ かずを操作する

かずは暗記して覚えるものではありません。実際に使うことを通して理解していくものです。子どもは遊びや生活の中で、たくさんの数学的体験をして将来の学習の準備をしています。

子どもの姿①

分数や小数点

就学前の子どもは、分数や小数点などということばは知りません。けれど生活の中には、分数や小数の考え方をする場面はたくさんあります。ホットケーキを食べるとき、2人に3枚配りました。どうやって公平に分けたらいいでしょうか。

Point

「2人に3枚」の分け方はいろいろです。

パターン①
まず1人が1枚ずつ取ると、残りの1枚を半分にします。「半分」に切り分けるときの真剣な顔つきから、公平に分ける気持ちが読み取れます。1人分は〈1と1／2〉、もしくは〈1と0.5〉の考え方をしていることになります。

パターン②
まず1枚を半分に切り、2つになったものをそれぞれ1切れずつ取ります。また2枚目を半分に切って分けます。3枚目も同じです。半分のものが3切れになりますから、式では、〈1／2＋1／2＋1／2〉〈0.5＋0.5＋0.5〉です。

まず 1枚ずつ取って
このくらい？
もっと左だよ
あとの1枚を半分に分ける
1枚と半分ずつ

まず 1枚を半分に切って 1切れずつ
2枚目、3枚目も半分にして 1切れずつ
半分が 3枚ずつ

●連続量は操作しやすい

色水や砂場の遊びでは、分割や統合といったたくさんの数学的学習ができます。もちろん子どもは楽しく遊んでいるだけですが、操作を通して分割や統合の意味を実感しています。大きなペットボトルの水を2本の小さなボトルに移し替えたり、反対に小さなボトルの水を大きなボトルに集めたり、さらにそれをいくつものコップに注ぎ分けたりしています。

●分離量は難しい

事例では切り分けることができるホットケーキだったので、公平に分けることができました。しかし、クッキーなどを分けるときでも、同じ量になるように真剣に小さなかけらを組み合わせたりします。数学的な思考の芽生えは、子どもの生活のあちこちで見つけることができます。

子どもの姿 2 金貨の山分け

段ボールでつくった金貨をたくさん手に入れた6人の仲間は、分けるのに苦労しています。

1回目

①みんなが思い思いに取りました。取ったかずにはばらつきが出ました。
②多く取りすぎたA児は、金貨を他の2人に分けてあげました。
③「何枚になった？」数え直しても差があります。
④「やり直し。みんな返して」

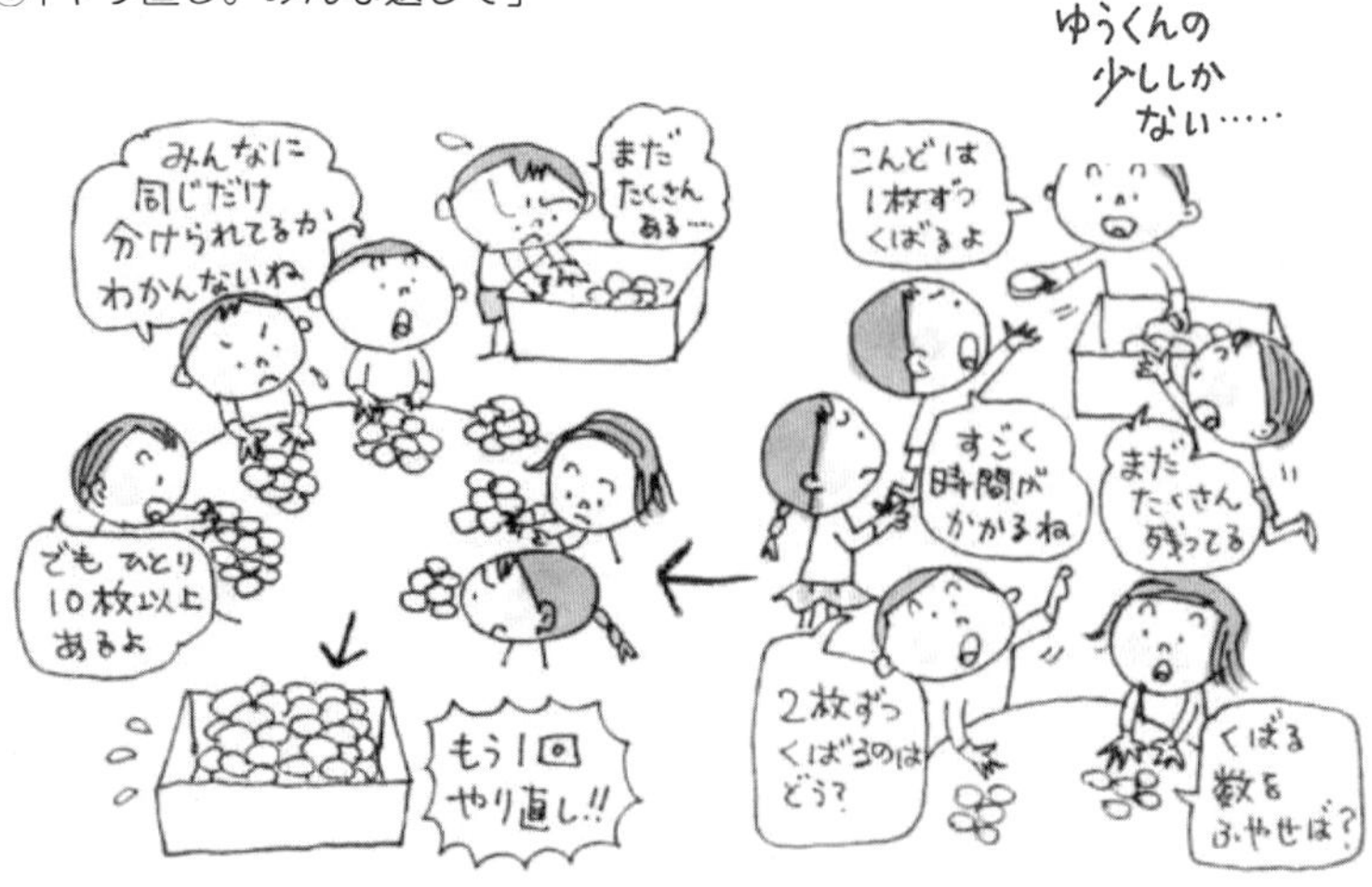

2回目

1枚ずつ配ったり、途中から2枚ずつ配ったり、
工夫しましたがうまくいきません。

3回目

①「10 枚ずつ」。それぞれが自分で数えて取ります。
②「今度は 5 枚ずつ」各自が 5 枚ずつ取ります。
③「今度は 1 枚ずつ。おれが配るから」とD児。
④「4 枚残った。誰か欲しい人？」
⑤均等に分けられないので、4 枚は残ったままになりました。

●失敗から学ぶ

これまで大量のものを分ける経験が少なかったからでしょうか、金貨は大量にあるにもかかわらず、以前やったことのある方法にこだわって、1枚ずつ配る方法をとりました。合理的な対処の仕方を見出すまでに、2回の失敗を必要としています。

●問題解決の意欲

失敗にもめげず、粘り強く3回の試行に挑むことができたのは、1つは「1枚でも多く欲しい」という強い欲求があったからです。もう1つは仲間の存在です。勝手に取らない、公平に分けるというルールが仲間に浸透していたからでしょう。複数の子どもが集う保育ならではの学習といえます。

子どもの姿 3

順序数が増えたとき

遊具の順番を待って並んでいる列に、後から2人が加わります。真っ先に着いたA児が「よかった。4番取った」と言い、B児に向かって「Bちゃん、5番だね」と話しかけます。B児は「ちょっと待って、1、2…」とからだを乗り出して列の人数を数えはじめます。するとA児はさえぎるように「ぼくが4番だから5番だよ」と言います。B児は黙っています。

Point

A児は自分が4番目だと分かると、後ろのB児を5番目と素早く判断したのに対し、B児はあくまでも列の先頭から数えて自分の位置を確認しようとしています。順序数の添加は子どもには難しいようです。B児のような姿は珍しくありません。

ちがう!
子どもにとっては別モノの『寄せ算』と『足し算』
場面の違いで認識が変わるのです
足し算
3人やってくる
2人が遊んでいるすなば
寄せ算
2人来る
3人来る
だれもいないすなば

●人数が増えると

事例のように、3人が並んでいるところへA児が加わる場合では、人数は3＋2＝5で5人になります。大人には簡単な計算ですが、子どもが理解するにはなかなかハードルの高い問題です。計算では3＋2でも、場面が違うと子どもには意味が違って受けとられるからです。

●寄せ算の3＋2

最も基本になる場面は、同じ種類の集合AとBを合併するときです。例えば、前の入口から3人、後ろの入口から2人が同時に部屋に集まるようなときや、こっちの皿に3個、あっちの皿に2個あるリンゴを、大きい皿1枚に入れるときです。別々のものを寄せるので、こうした合併型の計算を「寄せ算」といいます。

●足し算の3＋2

継ぎ足す、書き足すの言葉があるように、Aの集合に、それと等質のBを足す場合です。例えば、部屋に3人いるところへ後から2人がやってくるとき、バスに3人乗っていて、次の停留所で2人が乗るというように集合数が増えるものです。事例もこの添加タイプですが、A児はすでに並んでいる3人を目でとらえて自分を4番目と理解したのに対し、B児は前からいる3人を見ていないために、自分が何番目かを判断できなかったのでしょう。

3＋2は5と暗記するだけでは、ほんもののかずの理解とはいえません。きちんと状況を理解して、自分の力で答えを導き出すことが大切です。生活の中で様々な数学的体験を積むことで、ほんものの理解を育みましょう。

あそび1 数字を読む

数字を読んでみよう

日本語の数字は読むのにたいへん便利なので、他の国の子どもに比べて、日本の子どもは早くから読めます。「とりあえず」数字が読めることは、かずの理解に有効です。「とりあえず」というのは、数字が読めるからといって、かずが実際に理解できているとは限らないという意味です。

遊び方

1.いろいろな字体を集めよう

数字は記号の1つです。基本の形はありますが、デザイン性に富んだ字体や変わった表記もあります。国によっても書き方のくせがあります。いろいろな字体に触れる中から「基本形」を学びます。

①10枚の画用紙を用意する。保育者がそれぞれに、1から10の数字を書いておく。

②子どもが、広告や雑誌など身近なものから「数字」を切り取り、該当するページに貼る。現代の環境でよく目にする「デジタル表示」の文字にも触れさせるようにする。

2. 数字を取り入れた絵を描こう

数字を使う絵描き歌を描きます。あるいは、「数字の1はなあに？」の歌のように、数字から想像をふくらませて絵にします。

① 画用紙に1～10の数字を書いておく。

② 鉛筆で数字からイメージされる絵を描き足す。

留意点 数字としては「0」もありますが、子どもには難しい概念ですから省きます。日本語の10進法に慣れるように、1～10の数字に触れさせましょう。

あそび2 数字の意味

数字は「もじ」であり「記号」であり「象徴」なので、かずそのものではありません。いくら数字が読めても、かずと結びついていないと役に立ちません。数字とかずを照らし合わせて、数字がかずを示すものであることに気づかせます。

遊び方

1. トランプの数字

これと
同じように
おはじきを
並べて下さい
あと
1つ…
できた!!

用意するもの

おはじき／最低10個（1人当たり55個あると最良）トランプ／絵カード以外の1～10（マークは自由）1セットあると4人が同時に使える

このカードは
『7』だから
1.2.3.4.
5.6…7!
合ってる!!

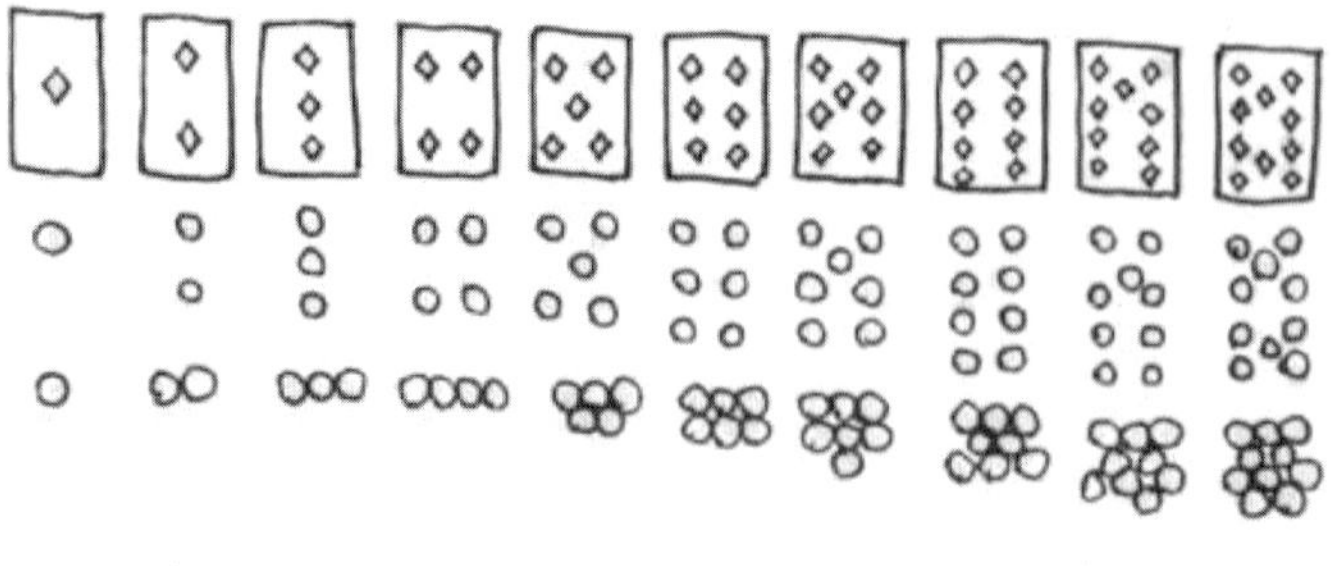

①トランプを1枚見本に置き、そのカードと同じ配置におはじきを置きます。「おんなじ！」「できた！」ことを自慢しましょう。
②おはじきを集めてかずを数え、カードの数字と合っているか確かめます。当然なことでも、子どもは「合ってる」と喜びます。
③カードとは別の並べ方をいろいろ考えましょう。配置を変えてもかずは変わらないことを、くり返し数えて実感します。おはじきが55個あると、1～10までを一度につくることができます。

2. 数字のかたち

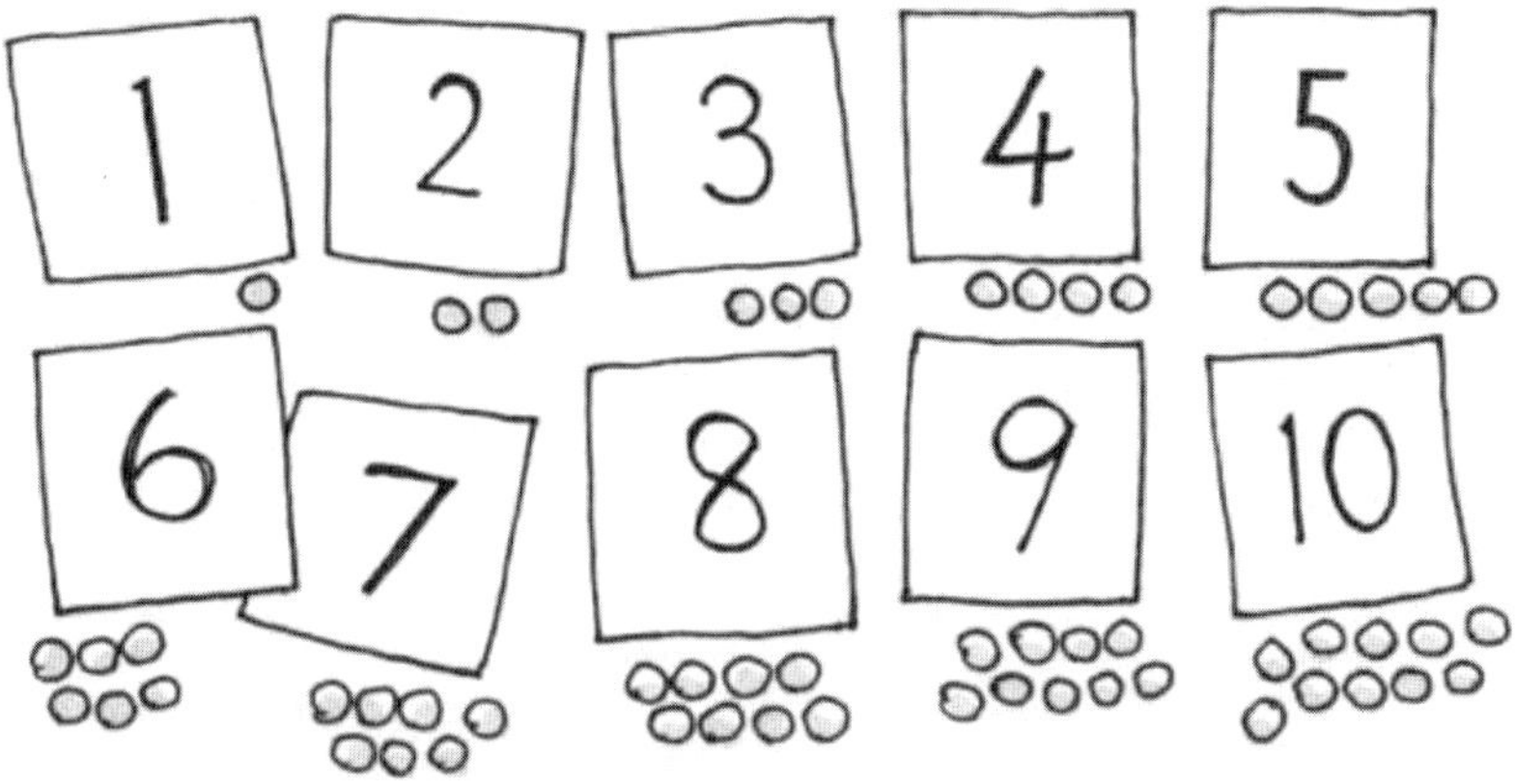

①数字と同じかずのおはじきを取り出します。
②数字を書くときの「はじまり」の上に、おはじきを置きましょう。
③おはじきが残っていたら、数字を書くときの「おわり」や「次に書く場所」など、字形に沿っておはじきを置きます。

用意するもの

1～10までが書いてある用紙
おはじき／最低10個（1人当り55個あると最良）

留意点

＊保育者が「始まりに置こう」と働きかけた後は自由に置かせます。子どもは字形の「要所」を自分なりに感じ取って置きます。
＊あそびの意図は「数字とかず」を一致させることなので、必ず「数字とおはじきのかずが合っている」ことを確認してから始めましょう。
＊かずの理解が難しい子には、数字の1～5だけを使いましょう。

あそび3 数字のいろいろな読み方

すごろく遊びを通して、数字の読み方、数字に対応したかず、かずのいろいろな表現の仕方、数え方に慣れます。

遊び方

基本は単純なすごろくあそびです。サイコロをふって、出た数だけコマを進んで「あがり」をめざします。すごろくやサイコロの種類をいろいろに変えると、楽しさも変わります。

ふりだし
1かいやすみ
2つもどる
1かいやすみ
あがり
5つもどる
3つすすむ
4つすすむ
1かいやすみ
工作用紙などを利用して
手作りすごろく

1. 2. 3!
子ども自身がコマになるすごろく

1. すごろくの種類

①市販のものをそのまま使います。
②工作用紙でつくります。工作用紙には方眼のマス目があるので、切ってつなげるだけですごろくが簡単にできます。ところどころに「1回やすみ」や「もどる」などを設けましょう。
③床板や園庭の敷石を使って、子ども自身がコマになって進みます。

さいころに数字のシールをはって使う
やった 10だ!!
1から10までのトランプを1まいひく

えいっ
大きな場所を使うときは大きなサイコロを用意する

2. サイコロの種類

①サイコロの目に替えて、1～6までの数字を書きます。
②トランプの絵カード以外の1～10までのカードを1枚引いて、その数だけ進みましょう。
③大勢の人数や園庭で遊ぶときは、大型積み木の立方体をサイコロにしたり、画用紙に大きく数字を書いたりするとよいでしょう。

留意点

1.「6・9」は見る方向によって間違えるので、すべての数字の下にラインを引き、方向を揃えておきましょう。

2.保育者は、数字を読みあげるときにいろいろな読み方をするように心がけます。例えば、9は「く、きゅう、ここのつ」と言い替えます。子どもによっては分かりにくい数字が決まっているので、表情などを見ながらその子に向かっていろいろな言い方をしたり、指を使ってかずを知らせたりして、理解をうながしましょう。

遊びの展開

同じかずでも、数え方がいろいろあります。
「今度は～で数えてみよう」と、楽しく進めます。

①いち、に、さん、し、ご、ろく、しち、はち、く、じゅう
②ひ、ふ、み、よ、いつ、む、なな、や、この、とお
③ひとつ、ふたつ、みっつ、よっつ、いつつ、むっつ、ななつ、やっつ、ここのつ、とお
④だ、る、ま、さ、ん、が、こ、ろ、ん、だ

子どもの姿❶

数字の読み方

子どもたちが数字を読むとき、「1、2、3、4、5、6、7、8、9、10」と順に大きくなるときの読み方と、「10、9、8、7、6、5、4、3、2、1」と下がっていくときでは、「4」と「7」の読み方が変わります。1から読むときは「し」「しち」ですが、10から読むときは、「なな」「よん」と言っています。これでいいでしょうか？

誰でも知っている数字だから、読み方はしっかり決まっていると考えがちですが、じつはそうではありません。読み方は場面によって違います。たくさん使って慣れていくほかありません。

Point

この読み方は、多くの人に共通する読み方ですから、問題はありません。数字は正しく伝わることが大事ですから、通常は4・7を「し・しち」と言いますが、やや意識的に読むときは「よん、なな」と読むのだと言われています。

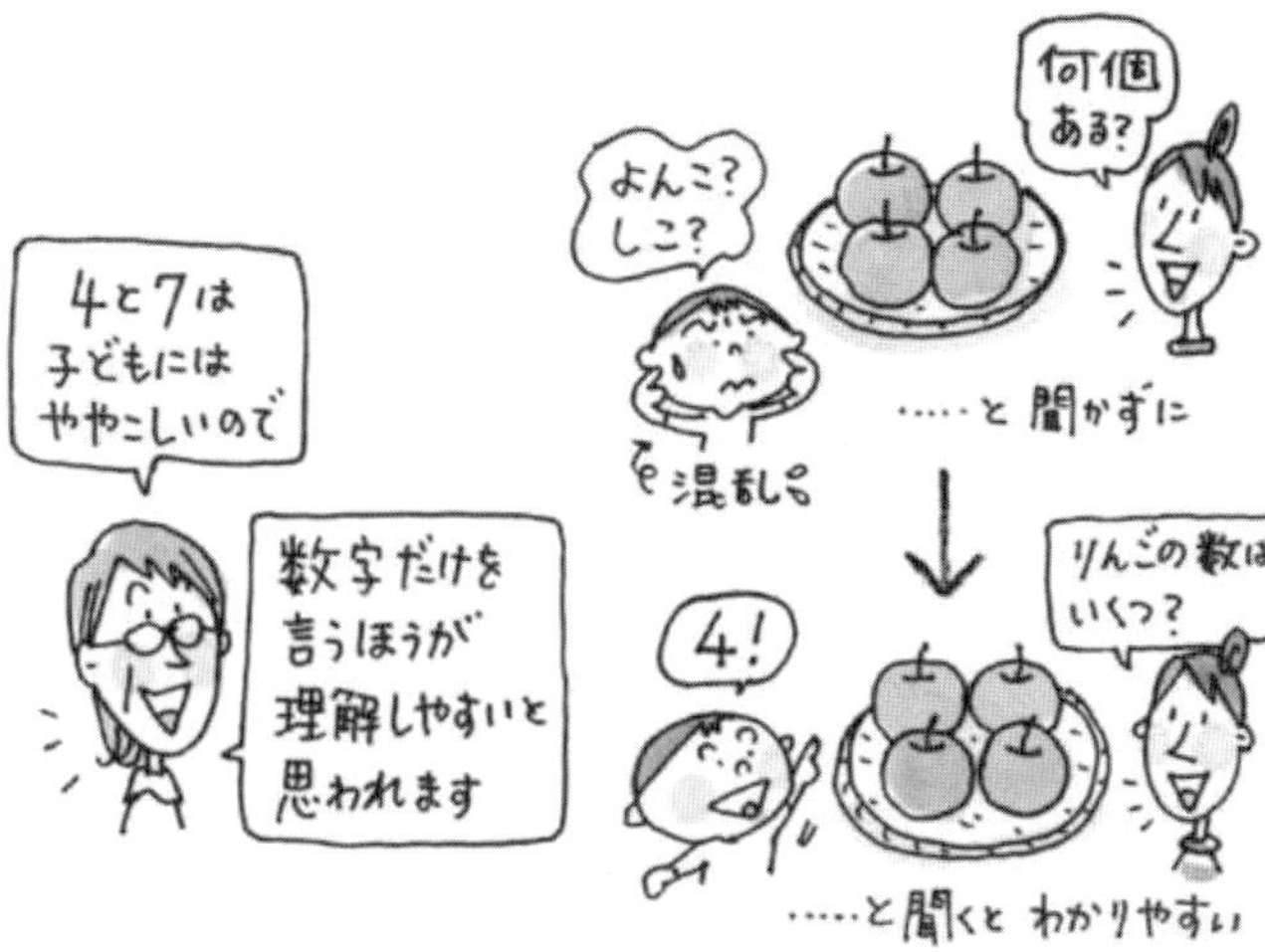

●はっきり分かるように

「4＝し」は「7＝しち」とまぎらわしいためとか、「し＝死」を連想するために縁起を担いで使わないなどといわれています。また地域によって「しち」と発音できず、「ヒチ」になってしまうために「なな」と言い替えたともいわれています。保育者は「いろいろな言い方があるね」「そうとも言うね」と多様な読み方を教えるといいでしょう。

●慣れて覚える

4は40や400というようなときも「よん」と言います。また9も他の数字とつなげて読むときは「く」と言いますが、短い音なので、はっきりさせたいときは「きゅう」と長い音に替えています。こうしたことも指摘されれば気づきますが、普段は気にしないで使っています。それでいいと思います。たくさん使って、自然に口から出る読み方に慣れていきましょう。

●「ゼロ」「零（れい）」どっち？

子どもは「ロケット発射。用意！」に続けてかずを言うときは、「10、9、8、7、6、5、4、3、2、1、0、発射！」と大きな声で「ゼロ」と言っています。子どもにとっては難しいラ行の発音の「れい」より、ゼロのほうが言いやすいからでしょう。正しい日本語は「れい」ですが、わざわざ指摘して直す必要はありません。どちらも同じように使っていきましょう。

子どもの姿 2

ゼロの意味

毎日、当番が「休んだ人のかず」を報告することになっています。休んだ人がいない場合「休みはありません」や「いません」ではなく、「0人です」と言わせていますが、「変なの！」という子がいたり、「どうして？」ときかれたりすると説明できません。

では、当番さん
今日、休んだ人は？
いません!!
それでは『いません』ではなくて
『0人です』と言ってね
0人？
……
0人って0人います、ってこと？
……
まあ…そうなるかな
だって、0人ならだれも『いません』でしょ？
へんなの！
なんか
面倒なことに…
それなら『0人いません』がいいよ！
そうだよそのほうがいいよ！
そうは言わないの
そういうことではなくて…
なんでー
おかしい！

Point

欠席者の人数を調べて報告することが目的ですから、正しく報告できれば十分です。意味も分からないのに「0人です」と答えさせてもかずの理解には役立ちません。

●「0」は難しい概念

人類の歴史の中で1、2、3…といったかずが使われるようになっても、長い間「0」はありませんでした。「0」が他のかずに比べて後の時代に「発見」されたことが示すように、「0」の意味を理解するのはとても難しいことです。また日本語では「0」は「零」であり、読みは「れい」ですが、子どもにはラ行の発音が難しいうえに耳には「レー」と聞こえますから、余計にやっかいです。

●該当するものがない状態は「0」

例えば、おやつを食べようとクッキー缶を開けたら「ない」。容器はあるのに中身がない状態、いつもはクッキーが入っているはずなのに「なくなった」状態を「0」と言います。事例では、休みの子を数えようとしても数えるべき対象がいないので、「調べたのですが、お尋ねのものはありませんでした」という意味で「0人です」という答え自体は誤りではありません。しかし、意味が分からないのにことばだけ「0人」と言わせるのは、将来の学びを妨げることになってしまいます。

●中身が空っぽの入れものをたくさん集めても、中身は「0」

金魚鉢が3個あるとします。金魚鉢に2匹ずつ金魚が入っています。全部の金魚鉢を水槽に移しました。水槽の中に金魚は何匹いるでしょうか？ 3×2＝6ですね。では金魚鉢に水は入っていても、金魚がいない場合です。全部の金魚鉢の中味を水槽に集めても、やっぱり金魚はいません。3×0＝0、これが0の意味です。

保育実践

日付の読み方

園では毎日「○がつ○にち」と話題にしていますが、日の読み方は「ついたち」「ふつか」「ようか」など、特殊なものが出てきます。まだ数字の読み方もあいまいな子がいる中で、どう対応したらよいでしょうか。

Point

数字を正しく読むことを優先しましょう。日付の読み方を教える前に、すべての子どもが数字を正しく読めるようにしましょう。幼児期には数字が正しく読めることが何よりも大切です。耳慣れないことばを聞いたために、子どもが数字の読み方で混乱してしまっては困ります。

●基本は、数字を正しく読めること

カレンダーは、数字がきちんと並んでいる優れた教材です。1か月の数字が並んだカレンダーを使って、今日の日付を話題にします。例えば6月10日なら、数字を指しながら「月の数字は6。日の数字は10」と読むことで、数字が正しく読めるようになるでしょう。

●日にちの読み方は、「おまけ」として紹介

数字が正しく読めるようになったら、「月の数字は6だから6月。日の数字は10だからジュウニチだね。でも、ジュウニチのことはトオカとも言うよ。だから今日は、6月トオカとも言います」と話すことは差し支えないでしょう。子どもは「おまけ」の話を聞いて「ふうん、そうなんだ」と得したような、自慢したいような気持ちになります。すぐに正しく読めなくても、「何か別の言い方があったようだ…」と思いだして、「ジュウニチって、ほかの言い方はなんていうんだったっけ？」と気にするようになったら、それで十分です。

●ついたち、ふつかは日本語

月日の読み方は複雑です。「日」は「にち」と読んだり、「か」と読んだりします。「ついたち」や「はつか」などの読み方は、先に日本語の表現があって、後から数字と一致させたのです。一日、二日、三日…といった漢数字の代わりに、1、2、3…と算用数字を使って1日や20日という表記にしました。「二十日」は「はつか」と読んでも、「20日」を「はつか」と読むのは厳密には正しくありません。

保育者の留意点

助数詞をつけずに数字だけ読む

日本ではかずを数えるとき、本なら1冊、2冊、魚なら1尾、2尾というように、数える対象によって決まった助数詞（数助詞ともいう）をつけます。蝶のように状態によって1羽、1匹、1頭と変化することもあるので覚えるのは大変です。就学前の子どもには助数詞は切り離して、数字をしっかり読めるように指導します。

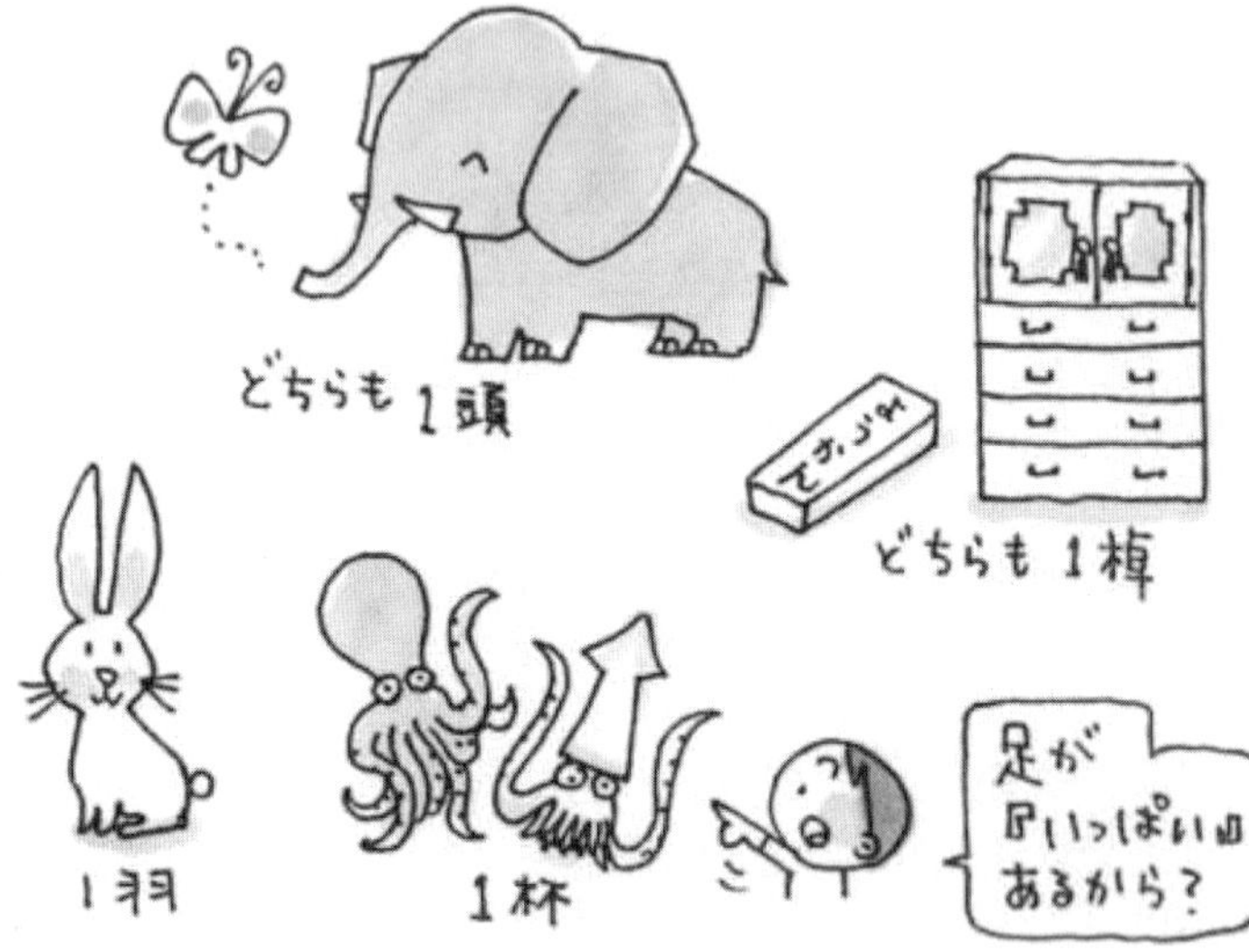
どちらも1頭
どちらも1棹
1羽
1杯
足が『いっぱい』あるから？

●1年生の教科書は車のかずから始まる

日常的に使う助数詞の中では、車の「台」、皿の「枚」だけは、「いちだい」、「いちまい」と、1を「いち」と数えます。また、2以降もずっと「だい」「まい」と変わりません。「いっぽん、にほん、さんぼん…」などと比べると、やさしさが分かるでしょう。

●見慣れた数字を読む

「11」を「101」と書く子がいます。「10」の次なので「10」に「1」をつけたわけです。その子なりに考えてはいても、間違いなので正しい数字を覚える必要があります。日本語は英語などに比べると、数字が読みやすいことばです。時計やカレンダーなど、日常見慣れた数字を読む機会を保育に組み込みましょう。

第4章 かずの大きさを比べる

かずが分かるようになるには、様々な能力が必要です。とりわけ、実際のものを見てそのかずの大きさが分かり、それを表すことば（数詞）とそれを表す記号（数字）を結びつけて理解できることが大切です。

かずを１から20まで数えられることと、100まで数えられることに、能力の差はそれほどありません。しかし、かずの大きさの理解については、１から５までのかずを理解することと、10以上のかずを理解することでは、大きな差があります。

そこで、まずは５までのかずをしっかり理解させましょう。そのうえで、将来のもっと大きなかずの学習の基礎となる10進法の原則などにも触れていきます。いたずらに大きなかずを扱うのではなく、段階を区切ってほんものの知性を養います。

本章では、将来のかずの理解を見据えて、その基礎となる確かな学習を深めます。

5までのかず

就学までに、1・2・3・4・5のかずが正確に理解できるようになっていることが望まれます。かずに注目する活動を組み入れて、子ども一人ひとりの理解の様子をていねいに調べましょう。

保育実践

5までのかずの理解

子ども一人ひとりがかずをきちんと理解できているのかどうか、保育者は把握しておく必要があります。けれど、一斉にテストをしたり、個別に調べるようなこともできません。日常の保育の中で無理なく把握するには、どんな方法があるのでしょう?

Point

何か作業をするときに、いっぺんに取り掛かるのではなく、「2人ずつ」とか「3人揃って」といった、かずに注目させる指示のもとで行動させます。保育者は一人ひとりが自分で判断して行動しているかどうかをていねいに観察しましょう。

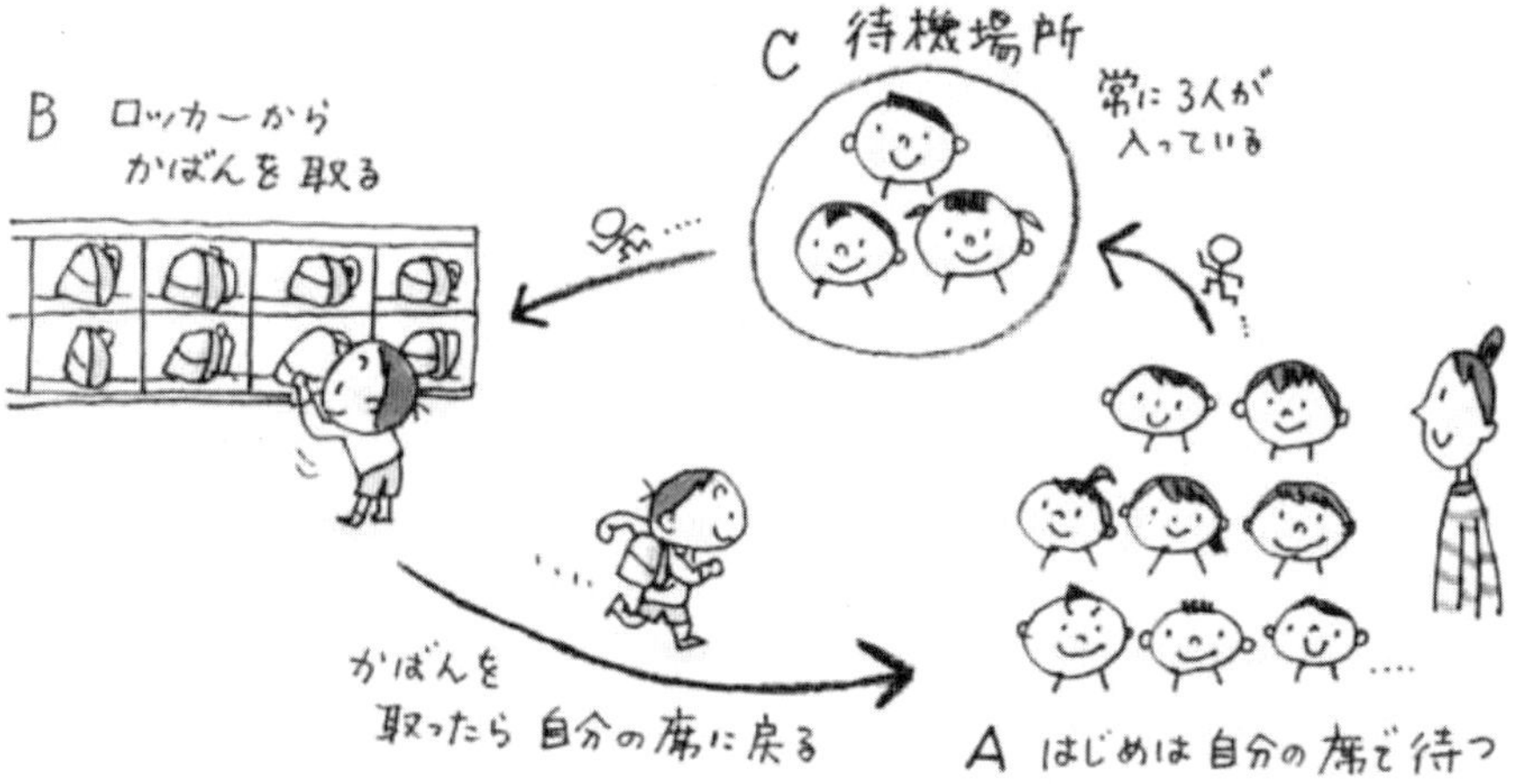
C 待機場所
常に3人が入っている
B ロッカーから かばんを取る
かばんを取ったら 自分の席に戻る
A はじめは自分の席で待つ

●ふだんの作業でやってみる

ふだんの園生活でいつもやっている作業でも、やり方によって「かずの認識」を見る機会になります。

①座席の並び順をそのままクラス全員の順番とし、初めは自分の座席で待つ（A）。

②帰り支度をする、トイレに行く、引き出しからものを取り出すなどの作業を決め（B）、待機場所（C）を決め、Cにいる人数を1～5人のどれかに決める。

③作業を済ませた人が座席に戻ったら、交替に待機場所（C）から1人が出て作業（B）に入る。

④同時に、座席（A）で待っている1人が待機場所（C）に移動する。

●活動の意図

①座席で待つ人（A）と、作業をする人（B）と、待機する人（C）が、常に同じ人数と手順で行動していきます。

②人数は絶えず変化するので、かずに注意を払いながら待ちます。

●どこを見るか？

①AからCに移動するとき「自分から気づいて動く」か「友だちにうながされて動く」か様子を見ます。

②AからCへ自発的に動けない子については、もう一度CからBへの移動の様子をよく見ます。

③自発的に動けない子については、Cの人数を少なくします。注意力に欠ける子の場合は、座席で待つとき（A）にそばにいて、Cに注目するよう援助します。

たけちゃん つぎだよ！

あそび1 かずを聞く・かずを見る

遊び方 広い場所で行うあそびです。準備として、フープ（クラスの人数÷２が望ましい）、マット１枚、タンバリンとばち（手でたたくよりも歯切れがよい）を準備します。

かずは目で見るより音で聞くほうが難しく、実際より１つ多く数えてしまう子もいます。音を聞いてかずを数え、そのかずに対応した人数を目で見て確かめます。かずへの注意をあそびから学びましょう。

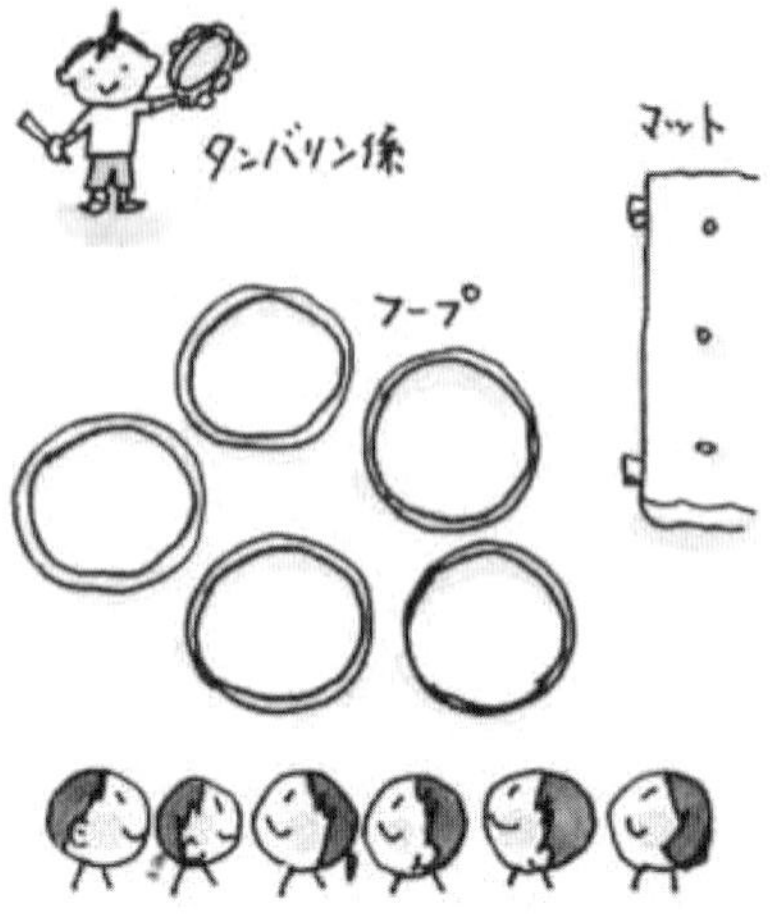

1. フープを床に散らし、マットを端に敷く。

2. 鬼役の子はタンバリンをたたき、その後タンバリンを振って、スタートの合図をする。

3. 子どもたちはタンバリンをたたいた音を聞き、そのかずと同じ人数でフープの中に入る。

4. 全部のフープが満員であぶれてしまった人は、「ざんねん席」のマットに集まる。

1. たたく回数は5以内を目安にする。

2. フープに入りきれない場合は、「片足だけ入れる」でよいことにする。

3. たたかずに「シャララーン」とタンバリンを振っただけのときは「0」なので、フープには入らない。

保育者の援助

かずに注意を払わず、フープに入ることだけを考えている子を個別に援助しましょう。

＊音の聞き取りを確実にします。音に合わせて保育者が肩をたたくなどして、より直接的にかずを感じるようにします。

＊動く前に「音のかずは？」と問います。正誤にかかわらず答えのかずを保育者が「〇だね」と指で示します。

＊満員のフープに入ろうとしているときは、中の人を「数えてみよう」とうながし、指を見せながら「〇だね」と確認します。

あそび2 前から3番目・前から3人

「前から○番目」という順序数と、集合数の「前から○人」という集合数の違いを、あそびを通して理解します。

遊び方

はじめるよ〜!!

1. 子どもたちは１列に並びます。

前から3番目!!
がんばれ〜!
ぼくだ!!
最後尾につく

2. 保育者が「前から３番目」と言ったら、該当する「前から３番目」の子は列を離れ、急いで最後尾に移動します。

前から3人!!
抜けていった人の分、列を前につめる
最後尾につく
私たちだ〜!

3. 保育者が「前から３人」と言ったら、「前から３人」は手をつないで、最後尾まで移動し、列に並びます。前から抜けて行った人の分だけ、列を前につめましょう。

留意点

＊クラスを半分に分け、ゲーム参加者と観客に分けましょう。見ているほうがルールをよく理解できます。

＊集合数の「前から〇人」のときは、前の子がすぐに動き始めると分からなくなります。手をつないで「〇人」をつくってから移動するようにします。

＊集合数が５人を超えると、移動のときにぶつかったり転んだりします。５人を超えるかずは、順序数だけに留めます。

楽しくする演出

①「前から〇」のところで、いったん止めて、次のことばに注目させてから、続きを言います。

②移動する子を保育者が追いかけ、列に並ぶ前に捕まえます。

③くり返してあそんでいると子どもは予想しながら待つようになります。テンポを早くすると飽きずに楽しく遊べます。

④慣れてきたら、「後ろから」も加えたり、指示を子どもが出すようにします。

PART 4-1 5までのかず

5のまとまり

大きなかずを理解するには、10進法を知る必要がありますが、まずは10の半分の5をしっかり理解します。保育者は子どもが5のまとまりを日常生活を通して自然に理解できるように環境を整えます。

環境の構成

常備品のかずを5ずつ揃える

保育室の備品は5の単位で揃えることになっていますが、忙しいとついめんどうになってしまいます。5にしておかなくてはいけないのでしょうか？

Point

かずは10が単位なので、初めはちょうど半分の5が確実に分かっていると便利です。5の単位に揃えることはとても大切なのです。保育者がすべて管理するのは大変なうえに、子どもの学習にもなりません。子ども自身が管理しながら学べるようにしておくと、保育者の負担軽減にもつながります。

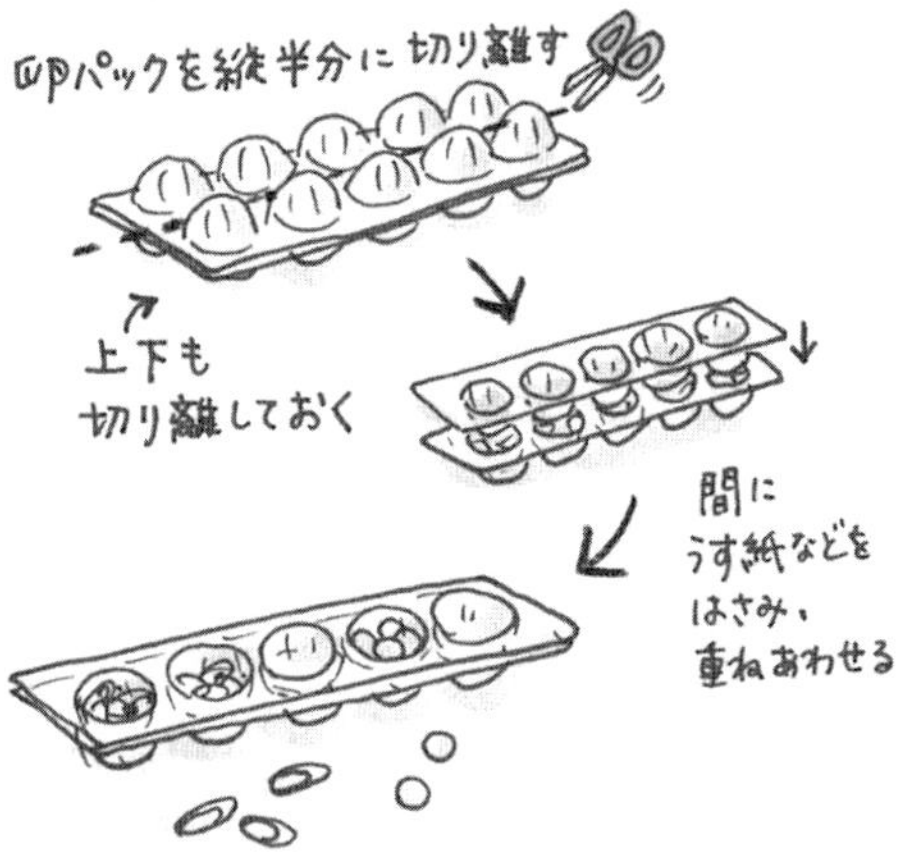

●5の集合数が分かる

ばらばらに配置されているものでも、全部でいくつあるか子どもが理解できるのは、年齢と同じ程度のかずだといわれています。就学前なら6ぐらいのかずであればどんな配置でも、いちいち数えなくても6だと分かるということです。こうした点からも、5が確実に分かるようにしておきましょう。常備品がいつも5になっているようにすると、「今いくつある」「あと○個足りない」などが分かるので、無理なく学ぶことができます。

●1対1対応で5個を確認

収納数を5にしておくと、子どもが1対1対応させて過不足を調べることができます。あらかじめ保育者が5個ずつ収納できる入れものを用意しておけば、あとは子どもだけでも管理できます。卵パックは5個に切り離して2枚を重ねます。間に薄紙を挟むときれいになると同時に、色別の分類がしやすくなります。

●5の単位で集める

椅子も、できれば5脚ずつ積み上げるようにします。子どもがそれぞれのまとまりを「1、2、3、4、5」と数えて確認できることが大切です。保育者が「5、10、15…」と数える様子をくり返し聞いていると、子どもも調子のよいことばとして覚えてしまいます。これが5の掛け算の意味だったのかと分かるときが楽しみです。

子どもの姿

5の理解

子どもが「5が分かる」とは、どういう状態を指しているのでしょうか。また、就学前にはどこまで理解できているとよいでしょうか。

Point

1）1対1対応したもののかずは等しい（P38）

AとBを1つずつ対応させると、ちょうどぴったりだったとき、AとBのかずは「同じ」ということが分かることです。

2）どんな順序で数えても、かずは変わらない（P44）

かずは、どちらから数えても、どんな順序で数えても、漏れなく、重複なく数えればよいのです。数える順序はかずに関係がありません。

3）分割しても、合わせても、かずは変わらない（P46）

かずは、何も手を加えないときは、集めても、広げても、別々のかたまりにしておいても、くっつけても、かずそのものは変わりません。

●5個のりんごを「5」と言える

ポイントの1)は、例えば同じものが5個あるときに、その数が「5」と答えられることです。例えばりんごが5個あるときに、りんごのかずは？と聞かれて「5」と答えられることです。

●りんごが3個、みかんが2個のときは？

この場合は、新たに「くだもののかずは？」と聞く必要があります。このとき「くだもの」を知らないと答えられません。就学前では、同じもののかずが正しく数えられれば十分です。

●〜個、〜本、〜枚などの「数詞」は言えなくてもよい

りんごは「1個、2個」と数えるので大人は「5個」と答えますが、子どもの場合は「ご」や「いつつ」だけで十分です。黙って手をパーにして「これだけ」と答える子もいるでしょう。パーで示した子には、保育者がパーを見せながら「このかずは？」と、もう一度問いかけてみましょう。かずを答えない場合は、親指から順に手の指をりんご1つずつに当てながら「1、2…」と数えていき、小指のところで「5」と言ったら、すぐに「全部で5だね」と教えます。

あそび1

遊び方

あわせて「5」

集合数の5は、〈1と4〉、〈2と3〉、そして〈5と0〉に分解され、合成されることをあそびを通して理解します。ここでは「あわせて」の表現を使って遊びます。加算を表す「足す」ということばは、小学校で「さんすう」を学ぶ楽しみとしてとっておきます。

1. 大勢で遊ぶとき

①トランプの「1、2、3、4」のカードだけ使います。

②全員がカードを1枚引きます。自分のカードのかずと「あわせて5」になるカードを持っている人を探して、ペアをつくります。

③1組のトランプで同時に16人が遊べます。あそびに参加する人数によってカードのかずは増減させ、必ず〈1・4〉または〈2・3〉のペア単位で調整しましょう。子どもの人数が奇数のときは保育者が加わり、「あわせて5」が必ずできるように配慮しましょう。

④最初は、マークが違っても「あわせて5」になればよいことにします。次第に「赤同士」「黒同士」としたり、「同じマーク同士」とルールを難しくします。園庭など広い場所で行うと、大きな声で読んだり、自分のカードを高く掲げたりして盛り上がります。

2. 2人で遊ぶとき

①「1、2、3、4、5」のカードだけ使います。

②1人に10枚ずつ配ります。

③じゃんけんに勝った人は「あわせて5」と言いながら、手持ちのカードから1枚を抜き取って出します。

④負けた人は、手持ちのカードから「あわせて5」になるカードを探し、「あわせて5」と言いながら出します。

⑤「あわせて5」になったカードを脇に寄せ、順番を交替しましょう。

⑥5のカードを出したときは、「ありません」と手を振ることにします。

※早くカードがなくなったほうが勝ちというルールにしてもよい（勝敗なしで延々と続ける子も大勢いる）。

あそび2

準備

あわせて「5」の重さにしよう

同じ容器を6つ用意して (1ℓ〜2ℓのペットボトルなど)
0 1 2 3 4 5 の割合で
砂・水・ペレットなどを詰める
こっちは軽い
こっちはすごく重いなあ…
これとこれはあんまりちがわないみたい
ほかに、牛乳パックに砂をこのように詰めたり…
空っぽ 200g 400g 600g 800g 1000g
使えそうなもの…
薬びん ジャムのびん コーヒー缶 など
※中身がこぼれないよう、しっかり口をふさいで使うこと！

5の分解と合成を重さの感覚から実感するあそびです。実際に持ちあげたり、比べたり測ったりする体験を通して、軽い、重い、もっと重い、こっちのほうが重いなどと順序づけたり、重さを記憶して、同じ重さになるものを探します。また、同じ重さになったかどうか、再度「たしかめ」ます。抽象的なかずを理解するのと同様に、目で見ることができない重さについても、かずの大きさを学びます。

1. 同じ容器を6個用意します。
2. 容器に0(空)：1：2：3：4：5の割合で、砂や水やペレットなどを詰めます。
3. 重さの差が大きいほど組み合わせが見つけやすくなります。牛乳パックに砂を200g、400g、600g、800g、1000g詰めるなど、重さに著しく差があるものも用意しましょう。

1. 5に相当する量の重さの容器を、かごA（または袋）に入れます。

2. もう1つのかごB（袋）に、任意の容器を2つ入れます。

3. かごA、かごBを両手に提げて「同じ重さ＝釣り合っている」かどうか「たしかめ」ましょう。

4. 重さが違っていたら、同じ重さになるようにかごBの中身を取り換えます。

保育者の援助

＊手あたり次第、容器を取り換える子もいます。重さ5になるペアの容器を2個、子どもの取りやすいところにさりげなく置き、子どもが「同じ、同じ重さ」と気づくようにします。

＊最初は、重さの差が大きいものに取り組ませ、遊びの要点をつかませます。だんだんに差の小さな容器のものを手のひらに載せて測り、繊細な感覚を身につける機会にします。

5以上10までのかず

あそび1 トランプゲーム

トランプでよく浸透しているゲームですが、使うのは1から10までのカードだけにします。園で遊んでいるルールを家庭にも知らせ、家族で一緒に楽しめるようにするといいでしょう。

遊び方 1

1～10までで「せんそう」

ルールが単純なうえに決着がすぐつくので、何度も遊べる手軽さがあります。３人以上でも遊べますが、かずの大小の判断が難しくなります。

1. ２人で遊びます。

2. 「せんそう」と言いながら１枚ずつ同時にカードを出してかずの大小を比べ、大きいかずのカードを出した人が、カードをもらいます。

3. 同じかずを出したときは保留にし、次の勝負で大きいかずを出した人が一緒にもらいます。

4. たくさんカードを取ったほうが勝ちです。

遊び方 2

「いち」ならべ

単純なあそびですが、子どもはあきれるほど熱中して遊びます。自然数の並びを学ぶのにぴったり。勝ち負けにこだわらず、全部揃ったことを喜ぶ子が多いゲームです。

6が
あった!

2.「しちならべ」ではなく、「1」から始める「いちならべ」。七並べのやり方にしたがって、1を場に出しておきます。

1. 3～4人で遊びます。

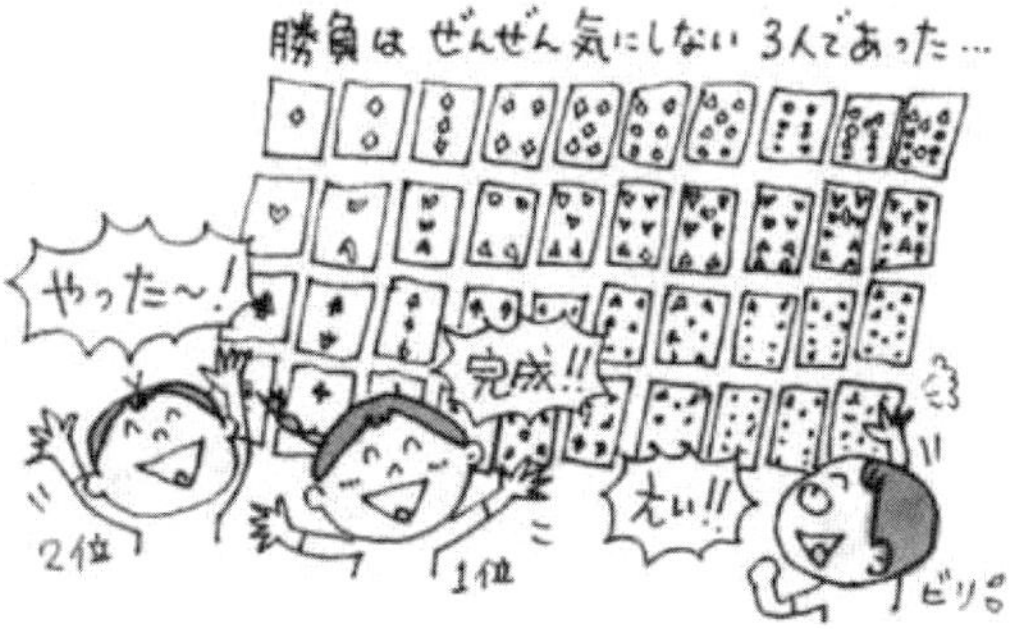
勝負は ぜんぜん気にしない 3人であった…
やった〜!
完成!!
えい!!
2位
1位
ビリ

……パス
ぼくの番だけど
出すものあるかな?
これとこれ出せるよ

4. 手持ちのカードが早くなくなった人が勝ちです。

3. 手持ちのカードに出せるものがなければパスして、次の順番の人が出します。

あそびの発展

数字なしトランプ

シールを使って簡単に「オリジナルトランプ」をつくってみましょう。シールの配置をいろいろに変えるとかずが分かりにくく、その都度数えるようになり、学習の機会が増えることになります。

「5＋α」（P 162）の配置のカードは、かずの理解に特に有効です。

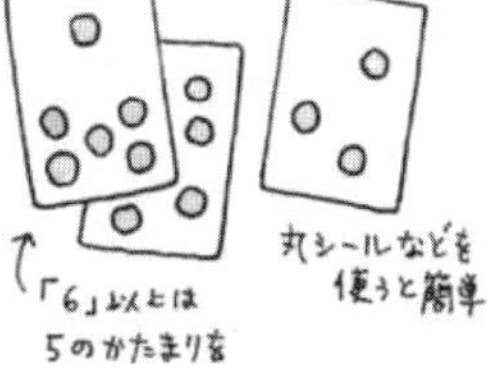
「6」以上は
5のかたまりを
丸シールなどを
使うと簡単

あそび2 ひと目で「いくつ」？

準備

5以下のかずは見ただけでいくつあるか分かりますが、5以上になると、見ただけでは分かりません。そこで、5は1つのまとまりとしてとらえ、5に＋1で6、＋2で7、＋3で8、＋4で9、＋5で10と、目で見て理解できるようにします。

卵パック 6個
卵サイズの玉 45個

1. 卵パック（10個パックのもの）6個、卵のかわりにパックに詰めるもの45個を用意します。粘土、ティシュペーパー、綿などを丸めて卵サイズの玉をつくるとよいでしょう。

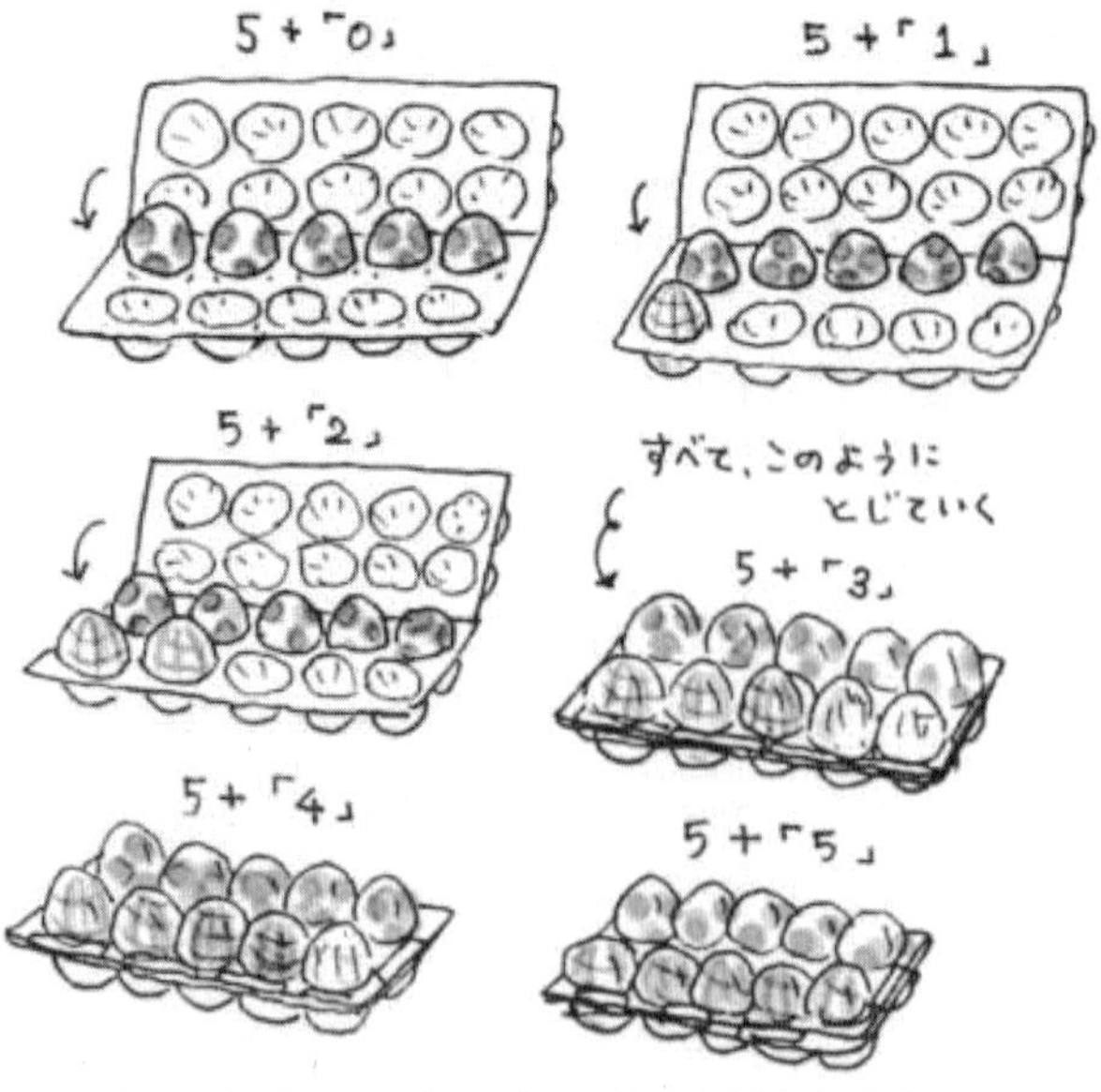

5＋「0」
5＋「1」
5＋「2」
すべて、このようにとじていく
5＋「3」
5＋「4」
5＋「5」

2. それぞれの卵パックの上1列に、卵を全部入れます。下の列には卵を1つずつ増やして入れましょう。

子どもたちにパックを短い時間だけ見せて隠し、「卵はいくつ入っていたかな？」と問いかけます。だんだん見せる時間を短くしてゲーム性を高めていきましょう。あくまでも正確さが優先されるので、正解が出るまで何度か「パッと見せ」をくり返します。

Point

●5をまとまりとしてとらえさせる

5以上のかずは5と1で6、5と3で8、というように5を基本にして総数が把握できるようにします。そこで、全部卵が入っている1列を5のまとまりと感じ取れるような演出を加えます。

「卵が落ちちゃった！ たいへん」とわざと卵を落とし、「落ちないように、5個の卵をテープで留めておこう」と、5個をまとめて上からテープで押さえます。

保育者の援助

＊答えは「○個」でも「○」だけでも構いません。「むっつ」「ななつ」などと答えた場合は否定せず、「あたり」と認めてから「ろく、しち…」の数詞の表現に誘導します。

＊卵を1つずつ数えて「6、7、8、9。9個」と答えている子には、ひと目で全体が読み取れるように、ゆっくりくり返し見せます。

あそび3 画用紙タングラム

かずのもっとも重要な特徴でありながら子どもには理解しにくいのが、かずの「保存性」です。そこで、子ども自身が実際に操作する体験を積ませ、かずの保存性を実感させます。

準備

1. 正方形の色画用紙を、１人１枚（折り紙よりも厚い紙のほうが操作しやすい）。
2. 台紙としての画用紙を、１人１枚。　※①と②の画用紙の色は変える。

遊び方

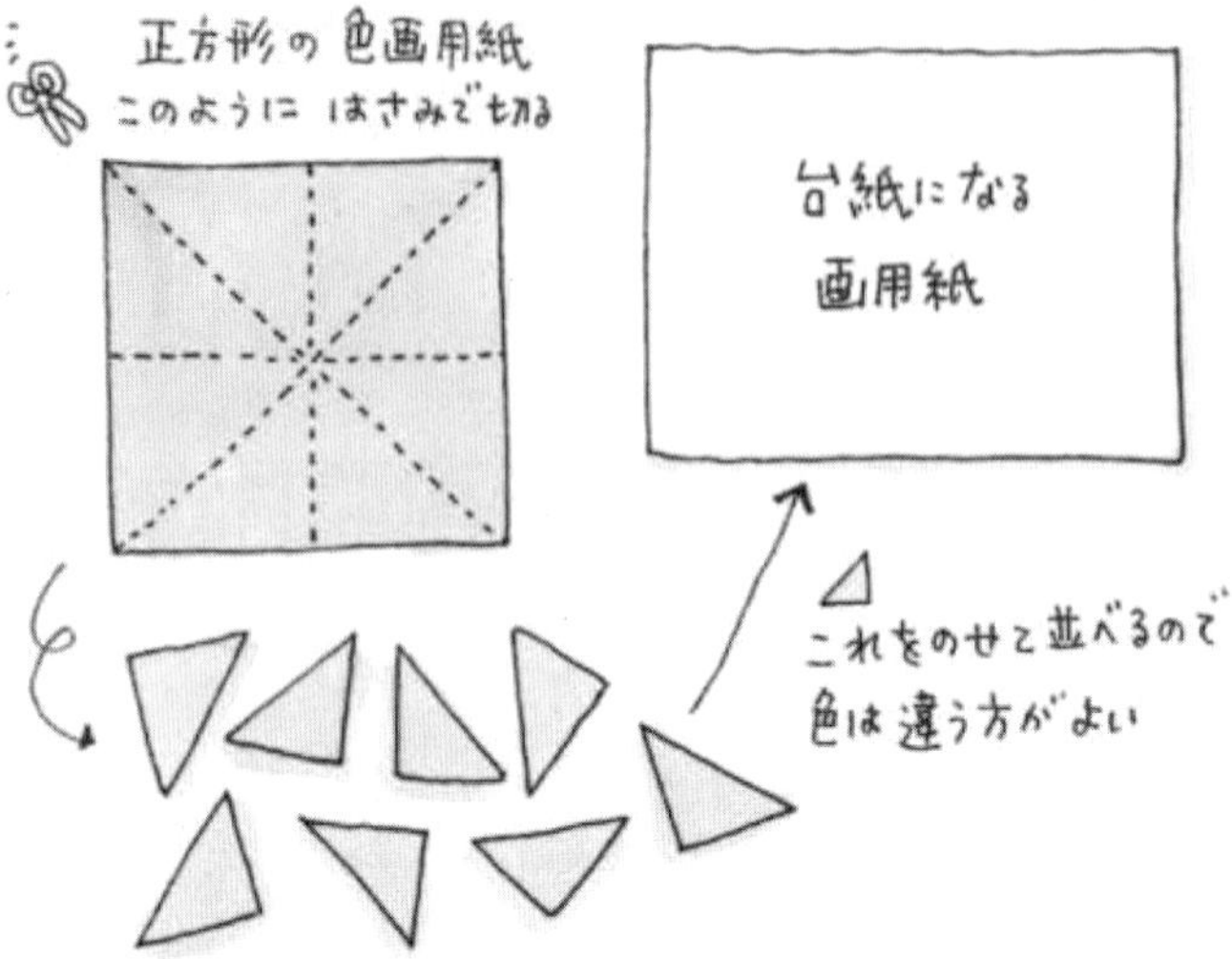
正方形の色画用紙
このように はさみで切る
台紙になる
画用紙
これをのせて並べるので
色は違う方がよい

1. ①の紙を図のようにはさみで切り、８個の三角形をつくります。

へび!
はみ出した
うさぎ!!
いぬ!

2. 台紙の上で、８個の三角形をいろいろに並べ替えて、面白いかたちをつくってみましょう。

準備

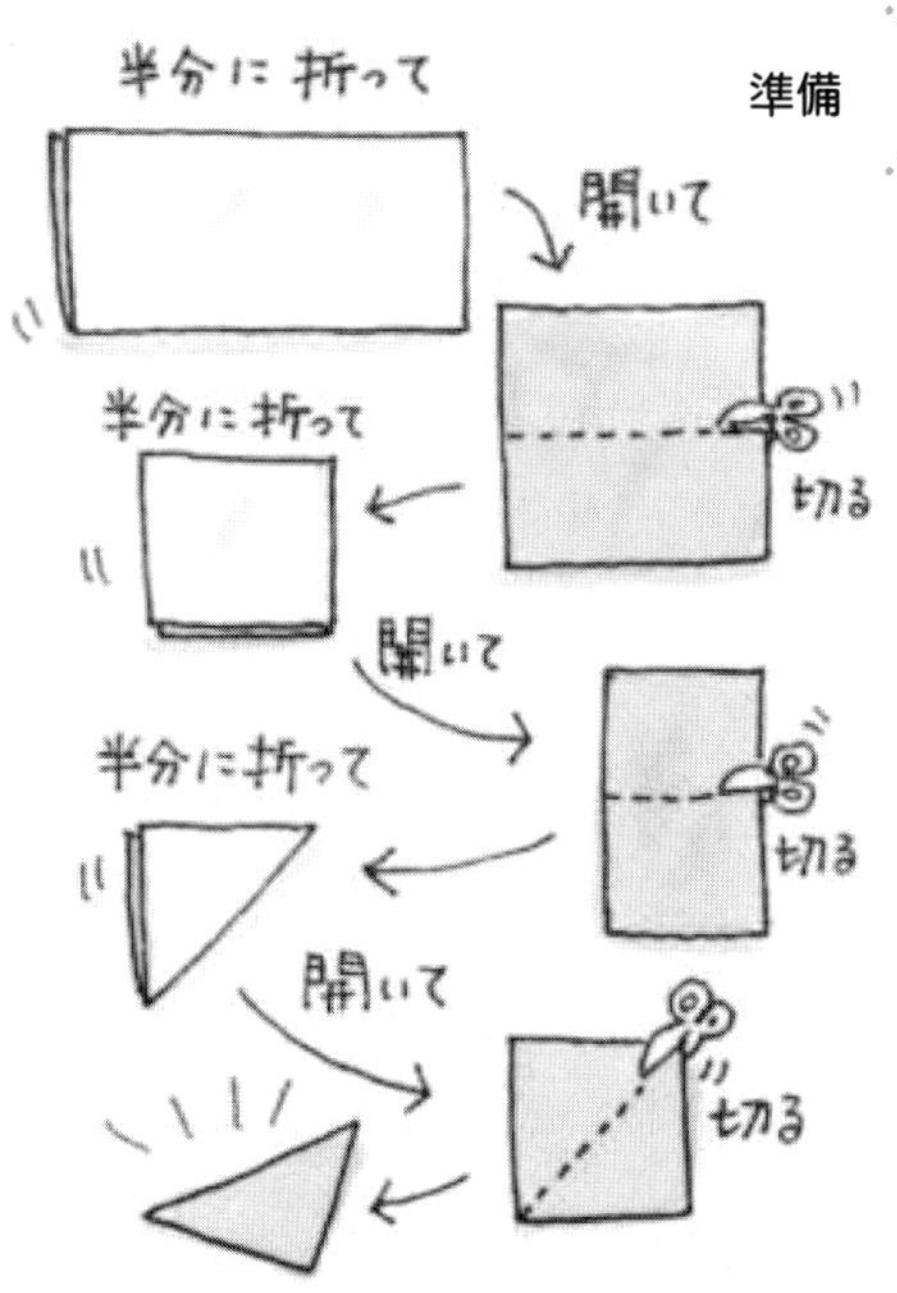

半分に折って
開いて
切る
半分に折って
開いて
切る
半分に折って
開いて
切る

1. の紙を切るときは、「半分に折ったら切る」をくり返します。最初に全部折ってから切ろうとすると、折り目が山になってしまい、まっすぐ切れません。

column

「タングラム」は、世界中に浸透している図形パズルの一種です。正方形が図のような7つのかたちに分けられていて、これを組み合わせて様々なかたちをつくります。インターネット上でも初級から上級までレベル別に問題が紹介されているサイトがたくさんあります。保育室に一つあるとよいでしょう。

Point

●かずの保存性って？

かずを理解するうえで最も重要な内容は、保存性です。ある集合の要素の配置を変えたり、まとめ方を変えても、その要素のかずは変わらないという性質です。変わらないということから、保存性は「不変性」ともいいます。

●正方形の紙

あそびのねらいは、「保存性の理解」なので、かたちの工夫や創造性とともに、かず（ここでは面積）の不変性が学習できるようにします。子どもがいろいろなかたちをつくっては「見て」「できた」と自慢する姿をとらえて、保育者は「面白い！」と喜び、続けて不安そうに「もう元の四角には戻らないかもしれない」と投げかけ、「元のかたちに戻るかな？」とか「真四角に直せるかな？」と、初めの正方形をつくる方向に誘導します。そして正方形に戻したら「ああ、よかった」と応じます。

子どもの姿

10のまとまり

砂場当番の子が「シャベルが2本足りない」、「埋まっているかもしれない」と砂場を掘り起こして探しています。

「青は10本あるけど、赤が8本しかないから、赤が2本足りないんだよ」。

Point

「全部で10本」がよく理解されています。環境を整備しているからこそ育つ子どもの姿です。大きなかずも基本は10のまとまりから考えるので、10がしっかり理解されていることが重要です。

●日本のかずは10進法

日本のかずは10進法が基本になっているので、10のまとまりが理解できるようになると、大きなかずの理解も可能になります。そのためには、園の備品や玩具を10の単位で揃えておくと、日常生活を通してかずの理解が図れます。事例のように砂場のシャベルやバケツを10個ずつにします。モールや割りばしの束、しっぽとりのしっぽのかず、ボールかごのボール、鉛筆と消しゴムなど、子どもが日常的に使うものを10の単位で揃えておきましょう。

●子どもが10を意識する

大勢の子どもが一度に使う場合は10では足りないので、10以上の分は保育者が別の場所に管理しておきます。子どもが日常的に目にしたり、片づけたりするものを10にしておくことで、事例のように子ども自身が10のまとまりを意識して管理できるようにしましょう。「環境による教育」とは、こうした配慮なのです。

●10に対する補数

〈1と9〉〈3と7〉〈5と5〉など、10のまとまりをつくるかずの組み合わせは、5に対する補数（「P156のあわせて「5」）ほど簡単には分かりません。事例では、すでに目の前にある8本のシャベルに対して、10の補数として「2本足りない」と理解しています。

大人にとっては〈8と2〉と〈2と8〉は同じですが、子どもにとっては難しさが違います。もしシャベルが2本しかなかったときに「8本足りない」と考えられるのは先のことです。たくさんの体験が必要になります。

4-4 10以上のかず

10以上の数字が読めたり、100まで数えられれば安心とは限りません。数字の意味がしっかり理解できていることが大切です。10のまとまりや10以上の表記など、かずの基礎を確実に身につけます。

保育実践 ❶

2位数の数詞

10以上のかずについても、5以上のかずと同じように、10のかたまり＋1、2…と子どもたちが認識し、数えられるようにしましょう。

準備

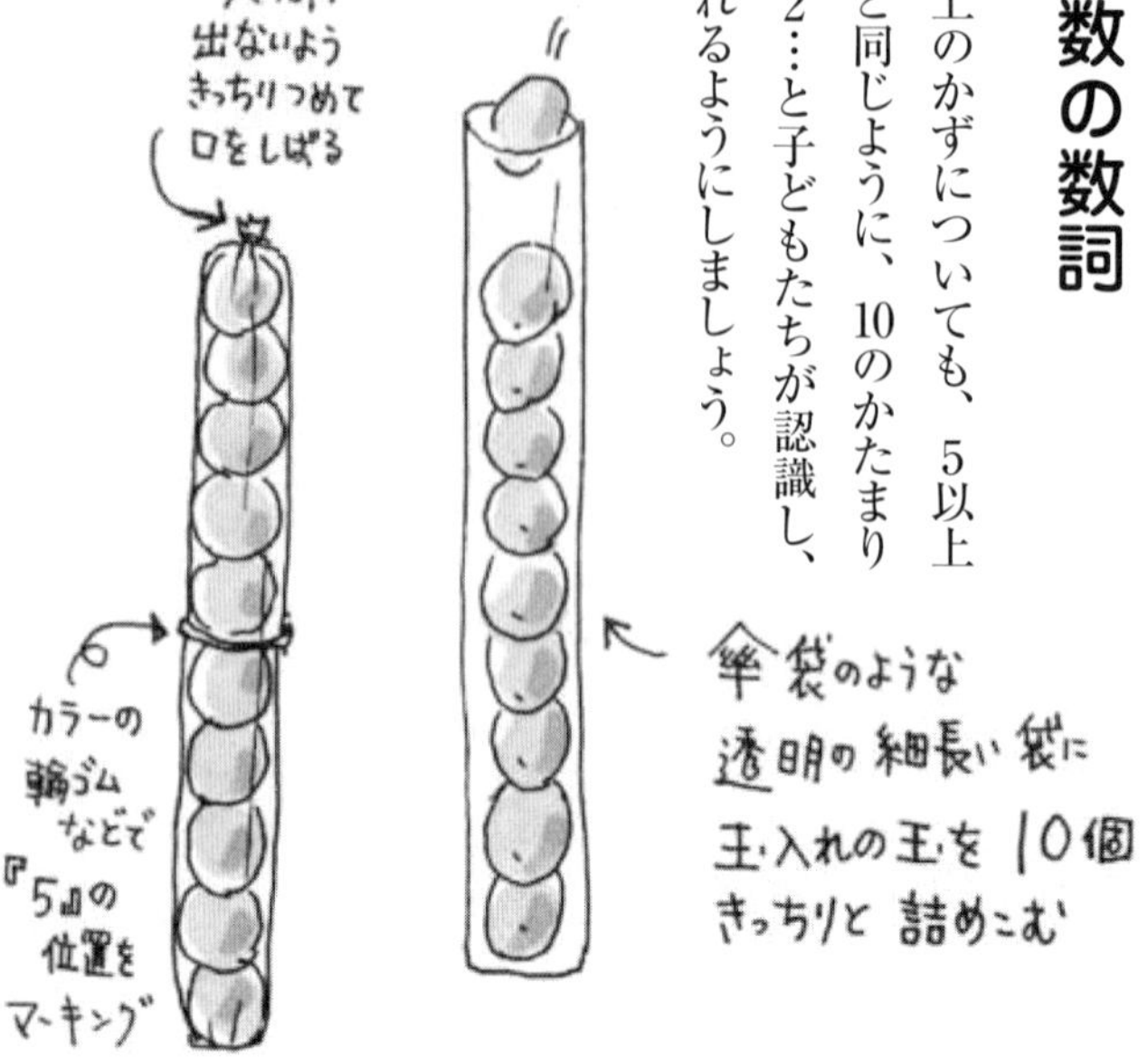
すき間が出ないよう
きっちりつめて
口をしばる
カラーの
輪ゴム
などで
『5』の
位置を
マーキング
傘袋のような
透明の細長い袋に
玉入れの玉を10個
きっちりと詰めこむ

1. 10の集まりをつくります（A）。

いいものよ～!
先生、それなあに?

2. 他に、ばらの玉を５個用意します。

活動

1. Aの中の玉が10個だと確認して「じゅう」と言い、子どもにも声に出させます。

2. 3個の玉だけを見せ、「さん」と声に出して確認します。

3. 右手でAを下げ、左手に3個の玉を子どもから見えないように持って、用意しておきましょう。

4. Aをまっすぐ立てながら「じゅう」と言い、続けて玉を3個見せて「さん」と言い、続けて「じゅうさん」と教えます。

5. 「さあ、今度はいくつになるかな?」と問いかけ、Aを見せながら「じゅう」と言って、すぐに2個の玉を見せて「に」。「じゅうに」と言い、子どもにも「じゅうに」と声に出させます。

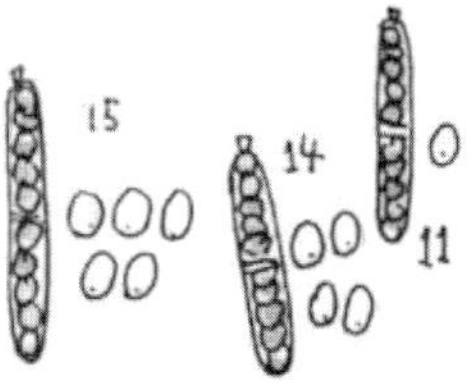

6. 以下同様に、11、14、15を数えます。

7. 即答できるようになったら、かずに該当する「11」「12」「13」「14」「15」のカードを用意し、見せましょう。

留意点

*数字の「13」と同じ並びになるように、必ず子どもから見て左側に10の棒を「1」のように立てて見せ、右側にばらの玉3個を見せます。反対にならないように気をつけましょう。

*初めの提示は11ではなく、13にします。1の位のかずに注目させるためです。3というかずは「少なくもなく、多くもなく、かずらしいかず」だからです。

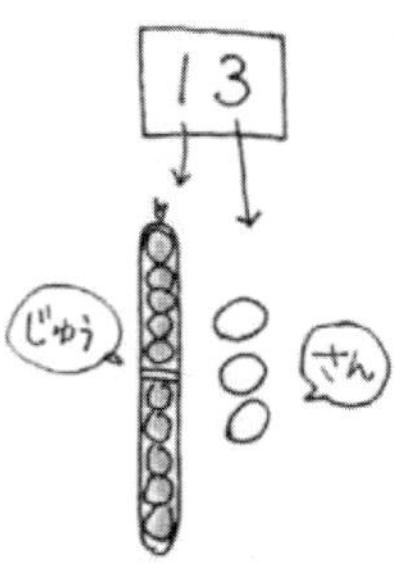

子どもの姿

10の位どり

どんぐりをたくさん拾ったので、卵パックに10個ずつ入れました。どんぐり入りの卵パックがたくさんできたので、いくつあるか数えてみます。30、50などは正しく言えるのですが、「10」が1つあるときなぜ「じゅう」と言うのか、分からないようです。

Point

子どもがきちんと考えていると、かならず「いちじゅう」と答えます。この答えはとても大事です。論理的にも合っています。「いちじゅう」は間違いのように感じられますが、今後大きなかずを考えるうえで基礎になる考え方です。

●例外的な読み方

10が「いちじゅう」だったら筋が通っていて覚えやすいのに、残念ながら10は「じゅう」と言います。100も1000も「いち」をつけません。そして10,000は「いちまん」です。28は「にじゅうはち」と言うのだから、「20」や「30」は、「にじゅうれい」、「さんじゅうれい」と読むのが合理的ですが、なぜか「れい」を省略します。

●どうして「じゅう」？

「本当は、『いちじゅう』なのに、『じゅう』としか言わないのはどうして」。子どもに聞かれても、保育者は説明できないでしょう。こういうときは、子どもに考えてもらいます。「いちじゅうって言うのは長くてめんどくさいから、ただのじゅうにしたんじゃない」。何とも簡単明瞭な子どもの解釈です。

●ことばとして慣れる

就学前の子どもでも「10、20、30…」と唱えたり、カレンダーを見て17や28など、2位数を読むことができます。この時期は、ことばとして数字を読んでいるだけで、位取りが分かっているわけではありません。2位数を学ぶのは、小学校に行ってからです。

あそび

準備

線つなぎの絵

ワークなどでおなじみのあそびですが、オリジナルを手づくりするのも難しくありません。点の並びで何の絵かひと目で言い当てる子もいます。早く終わった子は絵に色をつけるなどのあそびを提案しましょう。

1. 下絵を鉛筆で描きます。

2. 絵の輪郭のところどころに、黒のマーカーで○をつけます。

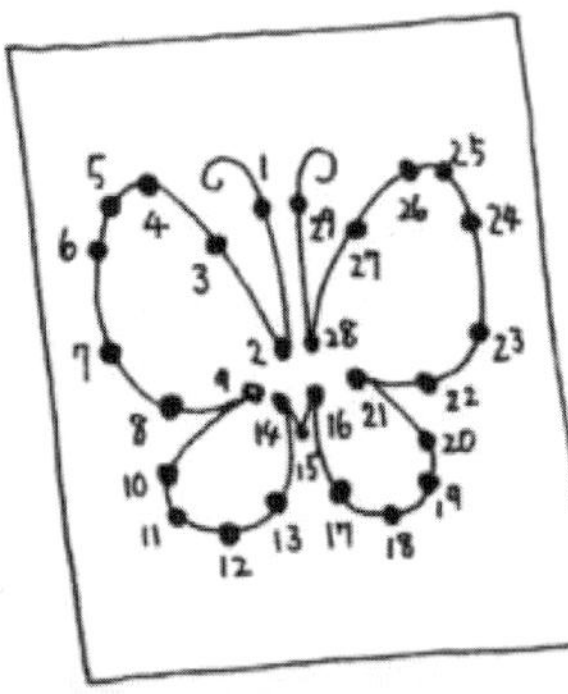

3. ○と○の間が線でつながるように、数字をペンで書きます。

4. 曲線や塗りつぶす部分などをペンで書き加えましょう。

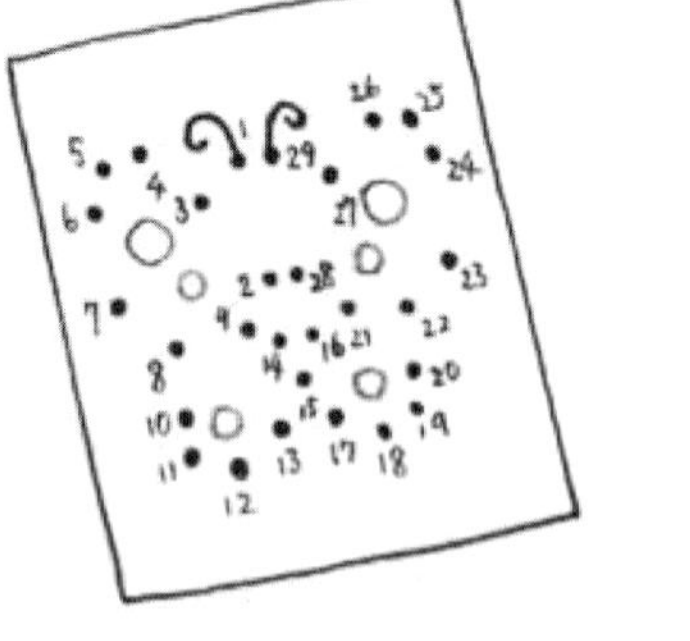

5. 下絵の鉛筆を消し、印刷して、できあがり。

遊び方

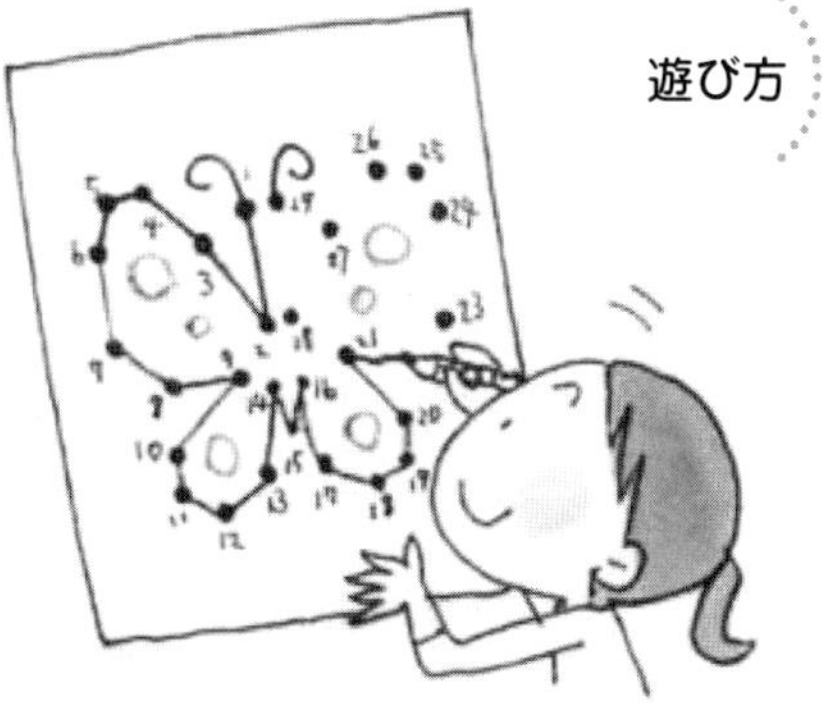

1. 数字の順番に線をつないで絵を完成させます。最初は何の絵か分かりませんが、だんだんに見えてきます。昼食後などの時間帯に、子どもが自発的に取り組めるようにしましょう。

2. 同じものをくり返し何枚も描いたり、1枚の絵に時間をかけて色づけをしたり、楽しみ方はそれぞれでよいでしょう。

留意点

＊直線でつなぐので、あまり複雑な絵は適しません。一筆書きで描けるようなものがよいでしょう。
＊数字は、カレンダー等で見慣れている30くらいまでにします。交差する線やつなげたくない線は、①②③…、△1△2△3… (1)(2)(3)…など、表示の仕方を変えます。

Point

●完成した絵を用意しておく

間違いを指摘するのではなく、子ども自身が見比べて「あ、ここ違ってる」と気づくためです。「もう1回やり直そう」と挑戦するようにうながします。そして、かならず正しくできたものを見て、「今度はちゃんとできたね」とやり直したことをほめます。

●途中で放り出してしまう子どもには…

「後は先生にやらせて」と言って引き取り、完成させせます。次にするときは一緒に取り組み、どこでつまずいているのか原因を調べます。「7」や「9」は間違えやすい数字です。

●根気が続かない子には…

次の数字を保育者が一緒に探したり、数字を目指してどう線を引けばよいのか、保育者が指で位置を示してやります。「つづきは明日」と何回かに分けて取り組みます。

保育実践 2

就学前のかずの理解

かずの理解について、通常の保育の中で一人ひとりの実態をチェックしてみましょう。チェックする中で理解につまずきのある子がいた場合、日々のかかわりを通して指導できる具体策についても考えます。

活動

1. 自分自身の動きに合わせて数える

階段を上りながら、あるいはなわとびや片足けんけんなど、自分のからだの動きとかずを1対1対応させて数えるようにうながします。さらに、全部でそのかずがいくつだったか言えるか、注意しておきます。

保育者の援助

「1、2…」と数えながら一緒に階段を上り(A)、途中で止まって「階段をいくつ上ったかな?」(B)と聞きます。

＊Aは、1段ずつ上る動作に合わせて、「いち、に…」と数えます。最初は子どものテンポで数え、だんだんに保育者がテンポを変えて、それに呼応して数えられるようにします。

＊Bは確実に分かるかずから始めて、だんだんに大きいかずにしていきます。ただし、かずの大きさよりも、「このかずまでなら間違わない」という確実さを優先し、先を急がないことが大切です。

＊日常のあそびの中で「〇〇を3ください」「△を4取ってきて」など、同じものを正しく数える活動を多くします。

2．本のページを開く

「○ページを開けよう」と指示を出します。子どもがどうやって目的のページを開くか様子を見てみましょう。小さい数字から大きい数字の順にページを探すほうが簡単。目的のページに近づいたとき、1ページずつ確認するような行動が見られたなら、安心です。

保育者の援助

例えば16ページを探そうとしたのに20ページを開いてしまい、初めからやり直そうとしているような子どもを援助します。開いたページを読み上げさせてから、「16ページだから、もう少し前だね」とか「16ページは、どの辺かな？」など、探しているページの16を繰り返し発音して、子どもの探そうとする意欲を継続させます。ページが行き過ぎたときに戻れるようになったら大進歩です。

平山許江（ひらやまもとえ）
子育てのための退職や大学院へのオバサン入学をはさみながら、私・国立幼稚園で断続的に20年勤務した後、文京女子短期大学を経て現在、文京学院大学特任教授。主に大学院人間学専攻保育コースの指導に当たっている。同時に子育てフォーラム等を通じて子育ての楽しさを伝える講演会や、現任保育者の資質向上を目指した研修活動も行っている。

表紙・本文イラスト　山戸亮子
表紙・本文デザイン　嶋岡誠一郎
編集企画　多賀野浩子　飯田　俊
編集協力　清水洋美

平山許江　ほんとうの知的教育②
幼児の「かず」の力を育てる

発行日　2015年7月20日　初版第1刷発行

著　者　平山許江
発行者　志澤博満
発　行　株式会社世界文化社
〒102-8187　東京都千代田区九段北4-2-29
電話 03-3262-5615（保育教材部）
03-3262-5115（販売部）
印刷・製本　図書印刷株式会社

ISBN978-4-418-15717-4